Una barca para el cielo

Eclesiología

EDICIONES PALABRA
Madrid

© Antonio Fernández Velasco, 2024
© Ediciones Palabra, S.A., 2024
   Paseo de la Castellana 210 - 28046 MADRID (España)
   Telf. (34) 91 350 77 20 - (34) 91 350 77 39
   www.palabra.es
   palabra@palabra.es

Diseño de colección: Raúl Ostos - Miguel J. Tejero
ISBN: 978-84-1368-362-1
Depósito Legal: M-4.048-2024
Impresión: Gohegraf, S.L.
Printed in Spain - Impreso en España
Con licencia eclesiástica

Antonio Fernández Velasco

Una barca para el cielo

Eclesiología

Contenido

Capítulo 2
UN CUADRO CUBISTA PARA INTENTAR ENTENDER LA IGLESIA
Aproximación al misterio de la Iglesia

Capítulo 3
DESCUBRIENDO EVERLAND
Misterio de comunión y misión

Capítulo 4
POR ÚLTIMO, MIRAR HACIA LO ÚLTIMO
Dimensión escatológica de la Iglesia

Contenido

FAQ PREGUNTAS Y CUESTIONES FRECUENTES

Introducción

PERFILANDO LA TRAMA

La Iglesia no está de moda y hablar de ella, menos todavía, a no ser que sea para criticarla. A los que poseen un espíritu combativo este hecho puede suponerles un aliciente para leer y saber más acerca de ella. Pero, aparte de ser un acicate para algunos, el clima de hostilidad comporta un cierto riesgo de asumir una posición netamente defensiva al tratar acerca de la Iglesia. Una posición que fácilmente puede conducir a que aspectos esenciales se vean relegados a un segundo plano y a concentrar la atención en las cuestiones más disputadas o en los argumentos que se consideran más eficaces para defender aquello que está siendo objeto de ataque. Precisamente esta fue una de las dificultades presentes en las primeras elaboraciones de un tratado sistemático acerca del origen y naturaleza de la Iglesia, alumbradas a propósito de la crisis protestante.

1. Acotando el guion
Objeto y método de la eclesiología

Al comenzar una empresa, es muy conveniente tener un conocimiento lo más exacto posible del objetivo que se quiere alcanzar y del camino más adecuado para lograrlo. Por eso, al inicio de este pequeño libro acerca de la Iglesia, conviene que tratemos de hacernos una idea de cuál es su objeto y qué método seguiremos en su desarrollo. El objeto, al menos en su materialidad, es claro a tenor del título del libro: vamos a estudiar la Iglesia. Ahora bien, el modo de enfocar ese estudio puede ser muy diverso. Un historiador se acercará a la Iglesia viendo en ella una institución que a lo largo de

los siglos ha influido en la vida de las personas y en los acontecimientos de la historia. De modo que con su investigación intentará
comprender y explicar su estructura y organización, el origen y evolución de sus instituciones, sus relaciones con el poder político de
cada época, etc. O, si pensamos en un sociólogo, este estudiará la
Iglesia en cuanto grupo humano. Se interesará entonces por las relaciones entre los individuos que la componen, en los vínculos que
hay entre ellos y con la institución, en la interacción con otros grupos... ¿Será alguno de estos enfoques el que asumamos en este libro? Sin despreciar ninguna de las perspectivas mencionadas, ni
tampoco otras posibles, resulta evidente la parcialidad de cualquie-
ra de ellas. Miran a la Iglesia bajo alguno de sus aspectos, pero ca-
recen del enfoque que permite entender la totalidad porque obvian
aquello que de modo más determinante la constituye. Es algo así
como estudiar desde el punto de vista económico al Real Madrid,
ciertamente daría un conocimiento de su actividad en ese terreno,
pero solo con la perspectiva de los objetivos deportivos se podrá
entender y juzgar verdaderamente todo lo relativo al club. Porque
su razón de ser es lograr títulos deportivos, algo que le viene dado
de su naturaleza de club de fútbol, y no obtener beneficios para sus
accionistas, como sería propio de una empresa. Lo económico es
relevante, pero incluso para ser entendido adecuadamente necesita de la clarificación acerca de la naturaleza y fin del Real Madrid.
Análogamente al ejemplo que acabamos de poner, las cuestiones
acerca de la historia, de su relación con los poderes políticos y con
la sociedad, o acerca de su misma estructura y organización son
importantes, sin duda alguna, y suelen ser las primeras que aparecen al pensar en la Iglesia. Pero precisamente para responder a
ellas es necesario responder antes otras preguntas: ¿qué es la Iglesia?, ¿cuál es su finalidad?, ¿ha sido querida por Dios? Preguntas
que apuntan directamente a su identidad y su relación con Dios.

En este libro consideraremos a la Iglesia desde una perspectiva
teológica, no podía ser de otra manera en un manual de teología,

aunque sea modesto. Esto quiere decir que tomamos como punto de partida a la Iglesia en cuanto creada y querida por Dios dentro de su plan de salvación para los hombres. Dicho de otro modo, trataremos de la Iglesia en tanto que misterio o, si se prefiere, del misterio de la Iglesia. Donde misterio no significa algo oculto, secreto o indescifrable, sino acontecimiento salvífico obrado por Dios en favor de sus criaturas. Esta consideración de la Iglesia implica reconocerla como objeto de fe, es decir, como una realidad solo plenamente inteligible desde la Revelación divina. La fe aparece entonces como inexorable punto de partida.

Si el objeto de nuestro estudio es puramente teológico, tal como acabamos de señalar, el método también. Esto quiere decir que la fe no solo estará presente en el punto de partida y de llegada, sino que ha de acompañar todo el camino. A diferencia de lo que se hace en la apologética, que busca ofrecer argumentos que defiendan las verdades reveladas y ayuden a quien no la tiene a alcanzar la fe, la teología dogmática –y el presente libro se inscribe en ella– busca entender desde la fe y dentro de la fe. Dicho de otra manera, la fe no es algo exterior al método, como si fuera un límite a la libertad del trabajo teológico, ni tampoco siquiera como mero lugar de partida. La fe es el hábitat propio de dicho trabajo, es algo intrínseco al método teológico en cada uno de sus pasos. Por eso, para perfilar algo más el método que seguiremos, debemos dar un paso adelante y profundizar en el significado de la fe en la Iglesia.

2. «Creo en Dios, pero no en la Iglesia», ¿puede ser?
El lugar de la Iglesia en la profesión de fe

Cuando hacemos la profesión de fe los domingos en la misa, decimos «creo en la Iglesia», algo que viendo cómo están las cosas es casi un acto de rebeldía. Porque en nuestra sociedad occidental, aparte los que ya no se reconocen creyentes de ningún modo en Dios, son muchos los que afirman creer en Dios, incluso en Jesucristo, pero no en la Iglesia. ¿Es esto posible? ¿Es la fe en la Iglesia algo opcional para un creyente? ¿Podemos entonces prescindir de ella? Si lo piensas con calma, enseguida te darás cuenta de que todo depende de lo que signifique ese «creo en Dios». Si se entiende como una afirmación acerca de la existencia de un ser superior, expresión del sentimiento religioso del hombre, claro que es posible. Si lo que trata de afirmar es la fe en el Dios de Jesucristo tal y como Él se ha revelado en su Hijo, entonces la afirmación es más problemática. Porque el acceso a esa revelación de Dios solo se nos ofrece mediada por el testimonio de la Iglesia. Piénsalo, ¿quién te ha hablado de Jesús o te ha enseñado a dirigirte a Él? ¿Cómo te han llegado los textos de la Sagrada Escritura? Solo a través de testigos concretos y de la transmisión de la fe podemos decir en propiedad «creo en Jesucristo». La fe no puede ser pronunciada nunca en soledad, no es un acto individual y aislado; solo puede hacerse dentro de una comunidad creyente. No podemos ahora extendernos en esto; en el volumen de teología fundamental de esta misma colección puedes encontrar estas ideas expuestas con más detalle.

Pero volvamos a la profesión de fe en la Iglesia que hacemos en el Credo. Cuando decimos «creo en la Iglesia», ¿estamos diciendo lo mismo que al afirmar «Creo en Dios Padre»? Examinar la estructura ternaria del Símbolo de los Apóstoles (el Credo «corto»), el antiguo símbolo bautismal de la Iglesia de Roma, nos pone en la pista adecuada para dar una respuesta. Tiene tres partes bien diferenciadas que comienzan dirigiéndose a cada una de las personas de la Santísima Trinidad: la primera, «creo en Dios Padre»; la segunda, «creo en Jesucristo»; y la tercera, «creo en el Espíritu Santo». Los doce artículos que componen el Credo se distribuyen de acuerdo con un criterio histórico-salvífico, es decir, conforme a la historia de salvación que Dios realiza con los hombres. Así, primeramente, se profesa la fe en Dios Padre, Creador de todas las cosas, fuente y origen de todo. Seguidamente se confiesa la venida de su Hijo para salvarnos, explicitando los principales misterios de su misión redentora. Finalmente, se hace profesión de la fe en el Espíritu Santo y su misión de hacer que la obra de Cristo dé fruto en los hombres. Y de manera semejante a como sucede en la parte dedicada al Hijo, tras la confesión de fe en el Espíritu Santo, aparecen enumerados los misterios propios de su misión: la Iglesia, la comunión de los santos, el perdón de los pecados, la resurrección de la carne y la vida eterna. La Iglesia aparece, por tanto, en el Credo dentro de su tercera parte como un fruto de las misiones del Hijo y del Espíritu Santo. Es decir, la Iglesia en la profesión de fe está en la parte de las obras maravillosas creadas por Dios para nuestra salvación y no en la de Dios.

Esta consideración acerca de la estructura del Credo y del lugar de la Iglesia en él concuerda perfectamente con la lectura que desde los Padres de la Iglesia se hace del modo diverso en que el texto se expresa al referirse a Dios o a las obras de la salvación. Una diferencia que no podemos apreciar en la traducción al español por su limitación para reflejar los matices de las construcciones latinas. No tenemos más remedio que ir al texto oficial en latín para darnos cuenta de que no se dice de la misma manera «creo en Dios» que «creo en la Iglesia». Cuando se refiere a las personas divinas, el Símbolo de la fe usa junto al verbo creer la preposición «in» seguida de acusativo: «credo in Deum», «et in Iesum Christum» y «credo in Spiritum Sanctum». Pero al referirse a la Iglesia y los demás frutos de salvación, solo encontramos el acusativo sin la preposición: «sanctam Ecclesiam catholicam, sanctorum communionem...». En el primer caso estamos poniendo nuestra fe en Dios Trino en su sentido teologal y pleno, es decir, al hacerlo decimos que Él es Dios y que solo hacia Él debemos orientar nuestra vida. En el segundo, lo que confesamos es que existe una Iglesia, querida y creada por Dios para nuestra salvación; pero nuestra fe no termina en la Iglesia, sino en Dios, y nuestra vida no se orienta a la Iglesia, sino a Dios. La Iglesia existe precisamente para ayudarnos a dirigirnos en todo hacia Dios.

La forma diversa de confesar la fe en Dios y la fe en la Iglesia tiene consecuencias importantes para el método teológico en eclesiología. El acto de fe termina en Dios, no acaba en la Iglesia. No creo hacia la Iglesia, sino que creo en ella en el sentido de que es una realidad querida por Dios. Una obra maravillosa creada por Él y que, por tanto, todo en ella se refiere a Dios, que es quien la constituye y mantiene en la existencia. Esto sitúa a la Iglesia entre dos orillas, una totalmente referida a Dios, otra totalmente distinta de Dios pues es obra suya. De manera que la Iglesia existe como una realidad creada y mantenida por Dios dentro de la historia de los hombres, y solo en esa historia nos resulta accesible. Esto significa que la Iglesia permanece siempre en la historia como obra del Hijo y del Espíritu. Por eso los acontecimientos de su origen en la vida de Jesús hasta Pentecostés constituyen algo más que un principio cronológico que examinar para proseguir luego con lo demás. Ese vínculo con Cristo y el Espíritu, manifestado en aquellos acontecimientos del inicio, es lo que mantiene a la Iglesia en cada momento de la historia –también hoy– siendo lo que es.

Por otra parte, el hecho de que la Iglesia solo se nos ofrezca en la historia de los hombres como acontecimiento de salvación implica de manera necesaria la libertad del ser humano como elemento indispensable. Dios no solo ha querido tener en la libertad creada un interlocutor al que dirigirse y al que ofrecerle la salvación, sino que ha querido que coopere con él en esa oferta de salvación. De manera asombrosa, Dios ha querido que la salvación de la humanidad pase por el sí de la libertad creada del hombre. La Iglesia se nos presenta entonces como comunidad de testigos que posibilita el acceso a la salvación de todo hombre en todo lugar. Esta misión de la Iglesia no es algo añadido a su ser, sino que constituye un elemento esencial de su identidad. Por último, el sí de María ilumina poderosamente el papel de la libertad creada, que es dispuesta y sostenida por la gracia en su respuesta a la iniciativa divina. Por su maternidad virginal es modelo de la Iglesia, como ya señaló el Concilio Vaticano II, y por eso la perspectiva mariana no puede faltar en ningún acercamiento a la Iglesia.

RESUMEN

- De entre las diversas perspectivas con que se puede abordar el estudio de la Iglesia, es la teológica la única que puede ofrecernos un conocimiento de la misma conforme a su naturaleza propia. Todas las demás aproximaciones son siempre parciales y limitadas. Porque solo asumiendo una mirada teológica, es decir, viendo a la Iglesia en relación con Dios, su creador, y con el propósito con que la ha creado, podremos comprender algo acerca de ella.

- La Iglesia aparece de este modo como una obra salvífica de Dios dentro de su plan de salvación para la humanidad. Por eso hablamos de la Iglesia como misterio o del misterio de la Iglesia. En este sentido, su relación con Dios Trino constituye de manera permanente la fuente y el origen de su ser.

- El hecho de que esta obra divina que es la Iglesia se realice solo como comunidad de discípulos, llamados por Dios mismo a testimoniar con la propia vida la verdad del Evangelio, pone necesariamente la libertad humana en el centro. Por eso la mirada sobre la Iglesia tiene un marcado carácter antropológico: el misterio de la Iglesia está intrínsecamente ligado al misterio del hombre.

Capítulo 1

Érase una vez la Iglesia

Origen y finalidad de la Iglesia

No parece aventurado decir que se encuentra ampliamente extendida la idea de que Jesús y la Iglesia tienen poco que ver entre sí, que una cosa es lo que hizo Jesús y otra, lo que vino después. Más concretamente, que los ideales del Maestro de Nazaret, su causa, lo que realmente nos ha querido transmitir, no están relacionados de modo alguno con las normas, estructuras y enseñanzas de la Iglesia. Por ejemplo, los que directamente dicen Cristo sí, Iglesia no; o los que dicen que Jesús predicó el amor y la misericordia y nada dijo acerca de la moral sexual. Seguro que te son familiares este tipo de declaraciones. No pienses, por más que sean enarboladas con cierto aire de novedad o de victorioso hallazgo, que son ideas originales o recién salidas de las cumbres del pensamiento. En realidad, ya sean en sus variantes más eruditas o en formulaciones banales, son herederas de la crítica que la llamada teología liberal realizó de la convicción tradicional acerca de la fundación de la Iglesia por Jesús. Sin ánimo de describir exhaustivamente aquella crítica y su evolución, algo que, por otra parte, no podemos hacer en un libro de esta naturaleza, vamos a tratar de entender el núcleo de la misma y su influjo posterior.

El origen de la controversia hay que situarlo en la segunda mitad del siglo XVIII con la publicación póstuma de la obra de un teólogo alemán llamado Reimarus. En su escrito afirma que Jesús únicamente había proclamado la cercanía del Reino de Dios presentándose como Mesías y había alentado la rebelión del pueblo judío. Sus discípulos, ante el fracaso de Jesús y su error de cálculo al señalar la llegada inminente del Reino, serían los que elaboraron el «fraude» de la resurrección y todo el ropaje teológico en que fue envuelta la figura de Jesús, para no tener que volver a su vida anterior. Vaya, que según este teólogo protestante los discípulos se vieron en la tesitura de los socios de una empresa ante la quiebra de la misma por incapacidad de cumplir sus objetivos: liquidar la sociedad, o invertir capital y variar los objetivos de la misma; y optaron por esto último. Esta tesis de Reimarus fue recogida por la llamada teología liberal protestante que se lanzó en la búsqueda del llamado «Jesús histórico» usando el entonces novedoso método histórico-crítico. Del resultado de aquella investigación y de su evolución posterior puedes encontrar más datos en el manual de cristología, nosotros nos conformaremos con señalar la repercusión en la cuestión del origen de la Iglesia y la relación de esta con Jesús.

La interpretación de la teología liberal, conforme a su visión del mundo, exalta a Jesús como gran individualista que ha roto con las instituciones y normas religiosas de su tiempo. Jesús habría sido una suerte de revolucionario religioso que ha liberado a la religión de dogmas y ceremonias de culto para concentrar el sentido de lo religioso en un modo de comportarse o en un sentimiento íntimo y subjetivo. Así habría llevado lo religioso, en cualquier caso, al ámbito de la interioridad individual. ¿Te suena? Quizá el cristianismo reducido a ética, es decir, a una guía de comportamiento individual, te quede un poco lejos; pero la identificación con un sentimiento o vivencia íntima seguro que te es familiar, está muy presente hoy entre nosotros. Naturalmente, esta visión de Jesús, como adversario de toda institución religiosa, es del todo incompatible con que Él pueda ser el fundador de alguna. Esta visión liberal del mundo se hundió dramáticamente bajo el peso de la enorme tragedia que supuso la Primera Guerra Mundial.

Pero antes de continuar cabe preguntarse dónde estaban los teólogos católicos en todo este embrollo. Pues da la impresión de que entre abrumados y asustados, porque cuesta encontrar algo, más allá de defensas numantinas de la enseñanza tradicional. Entre los que trataron de dar respuesta destaca Loisy, aunque con poca fortuna. Él fue quien acuñó la frase: «Jesús anunció el Reino y ha venido la Iglesia». Lastrado por aceptar el núcleo de las tesis de la teología liberal, no consigue coser la brecha entre Jesús y la Iglesia, por más que afirme que esta es necesaria para continuar con la predicación del Reino.

La experiencia devastadora de la Primera Guerra Mundial llevó al abandono de esa visión individualista y moralista de Jesús, abriendo así el camino para visiones más amables de los ámbitos comunitarios y, por tanto, de la Iglesia. En este sentido es destacable el trabajo de teólogos rusos exiliados en Francia que desde la tradición ortodoxa plantean un acercamiento a la Iglesia y su origen desde la última cena de Jesús. Esta clave eucarística será ampliamente recogida tras el Concilio Vaticano II por los teólogos católicos. Pero en la teología occidental son fundamentalmente dos los caminos que se abren tras la Gran Guerra.

Por una parte, el camino más claramente heredero de la teología liberal, que, manteniendo la separación de Jesús con la Iglesia, ya no la entiende de forma sustancialmente negativa. Se ve la Iglesia como una comunidad que continúa la misión y causa de Jesús y una necesaria evolución de los acontecimientos. En qué consista esa misión y causa dependerá de cada autor. Especialmente relevante en esta línea reconocemos al teólogo alemán R. Bultman.

Por otro lado, podemos encontrar los planteamientos tocados por la influencia del pensamiento marxista. La percepción negativa acerca de las instituciones religiosas, del culto –y por tanto, de lo sacerdotal– y de las normas heredada de la teología liberal fácilmente se transforma en una visión de corte marxista de la Biblia y de Jesús. Situando a Jesús en la línea de los profetas, en oposición a los sacerdotes y fariseos, se le presenta como un revolucionario en favor de la liberación de las clases oprimidas, causa por la que murió crucificado por los poderosos del mundo. Esta dialéctica, que siempre enfrenta las realidades presentes oponiéndolas como motor de avance de la historia, se aplica también a la Iglesia. Así habría una «Iglesia oficial», institucional, llena de normas y de ritos, frente a otra «Iglesia del pueblo», que lucha por la liberación de los oprimidos y la igualdad de todos. Creo que no te resulta difícil de reconocer este planteamiento de «Iglesia buena» vs «Iglesia mala»; desde luego, Dan Brown o Ken Follet quizá hasta patentarían la idea. Como ves, este recorrido por la historia del problema acerca del origen de la Iglesia no ha sido una investigación arqueológica, sino que nos ha permitido hallar las raíces de las afirmaciones que hoy puedes encontrar en literatura, en medios de comunicación, en amigos o conocidos, o incluso –y es lo más sorprendente– en quienes se declaran miembros comprometidos de la Iglesia.

Después de este recorrido por la historia del problema acerca del origen de la Iglesia y de su vinculación, es momento de hacer balance y extraer algunas conclusiones útiles para lo que sigue:

- En primer lugar, este panorama histórico de interpretaciones diversas pone de manifiesto que cada propuesta interpretativa depende del pensamiento de quien la elabora. Los autores de visión liberal dan lugar a una familia de propuestas, los de corte marxista, a otra diferente, y así sucesivamente.

- En consecuencia, al acercarnos al origen de la Iglesia y a su relación y vinculación con Jesucristo, lo haremos con un planteamiento puramente teológico. Lo dicho en general en el capítulo anterior acerca del método que seguiremos en este volumen cobra así pleno sentido. Eso no quiere decir que no atendamos a las corrientes de pensamiento y a las situaciones históricas que nos rodean, al contrario, cada nueva situación histórica nos revela aspectos del espíritu humano y abre nuevas vías de comprensión. Sin embargo, no es en esas novedades donde debemos buscar el criterio de interpretación para esos acontecimientos, sino en la confianza en la memoria viva de Iglesia que permite un acceso real y verdadero a los mismos.

● Por último, hay que señalar que de esta cuestión acerca del origen de la Iglesia depende todo lo demás en relación con ella. Si admitimos que Jesús no quiso fundarla, esa separación de la voluntad de Cristo hace que la Iglesia no pueda ser reconocida entre aquello que es esencial y fundamental en el cristianismo. De esta decisiva cuestión pende, por tanto, cuál sea la identidad de la Iglesia y su lugar en la historia de la salvación.

1. La historia interminable
La Iglesia en el designio salvador de Dios

Al querer responder a la pregunta acerca del origen de la Iglesia, debemos buscar un marco más amplio que el de acudir directamente a la cuestión de si Jesús fundó o no la Iglesia. En este camino seguimos la línea tomada por el Concilio Vaticano II en su Constitución Dogmática sobre la Iglesia *Lumen Gentium* (en adelante, cuando se cite se hará con sus iniciales LG seguido del número correspondiente). El Concilio quiso evitar quedar atrapado en las enmarañadas discusiones a que habían conducido en buena medida las respuestas puramente apologéticas, es decir, de batalla, a la negación ilustrada de la fundación por Cristo de la Iglesia. La discusión se había llevado incluso a encontrar el momento, como si de un acta fundacional se tratase, en que Cristo constituye a la Iglesia. De ese callejón sin salida solo se puede escapar replanteando la cuestión, y eso hace el Vaticano II al situar el origen de la Iglesia desde la Trinidad y su designio salvífico. Vamos a intentar explicarlo más detenidamente.

Acudamos al segundo de los números de *Lumen Gentium*. Allí encontramos a la Iglesia insertada dentro del designio salvador de Dios como parte de la obra trinitaria en favor de los hombres. Así, después de recorrer la historia de la salvación, empezando por la creación, la caída de Adán y la misión del Hijo, encontramos la siguiente afirmación: «Y estableció convocar a quienes creen en Cristo en la santa Iglesia, que ya fue prefigurada desde el origen del mundo, preparada admirablemente en la historia del pueblo de Israel y en la Antigua Alianza, constituida en los tiempos definitivos, manifestada por la efusión del Espíritu y que se consumará gloriosamente al final de los tiempos» (LG 2). El origen de la Iglesia, siguiendo este texto, hay que buscarlo en lo más profundo del misterio de Dios, en el misterio de amor de donde brota la creación, su designio salvador, y siempre conectado con la misión del Hijo y del Espíritu Santo. Por eso, al querer profundizar en el presente capítulo en este origen de la Iglesia, lo haremos siguiendo esta orientación del Vaticano II. Primero indagaremos en la prefiguración y preparación de la Iglesia en los tiempos antiguos para continuar con su constitución al llegar la plenitud del tiempo con la venida de Cristo y su manifestación por el Espíritu Santo. Será lo que trataremos de hacer en los dos próximos apartados.

2. Primeros bocetos
Prefiguración y preparación de la Iglesia en la antigua alianza

Ya hemos señalado que la Iglesia está desde el principio incluida en la voluntad divina de crear y de elevar a los hombres a la vida sobrenatural de hijos de Dios. Y es tal el lugar de la Iglesia en esa disposición divina, que los primeros cristianos llegan a decir que «el mundo fue creado en orden a la Iglesia», así lo expresa uno de los primeros escritos cristianos conocido como *Pastor de Hermas*. ¿Es exagerado? ¿Se han venido arriba en la consideración de la Iglesia? Ni mucho menos, «Dios creó el mundo en orden a la comunión en su vida divina, comunión que se realiza mediante la "convocación" de los hombres en Cristo, y esta "convocación" es la Iglesia. La Iglesia es la finalidad de todas las cosas, e incluso las vicisitudes dolorosas como la caída de los ángeles y el pecado del hombre, no fueron permitidas por Dios más que como ocasión y medio de desplegar toda la fuerza de su brazo, toda la medida del amor que quería dar al mundo: "Así como la voluntad de Dios es un acto y se llama mundo, así su intención es la salvación de los hombres y se llama Iglesia" (Clemente Alejandrino, *Paedagogus* 1, 6)» (*Catecismo de la Iglesia Católica,* en adelante CEC, 760).

Hasta tal punto se identifica la Iglesia con esa convocación de los hombres por parte de Dios, que la palabra iglesia significa precisamente eso: convocación. En efecto, el término griego que está en su origen, *ekklèsia*, procede de *ek-kalein* cuyo significado es llamar fuera, y se usaba para designar a la asamblea plenaria de la *polis*, que estaba constituida únicamente por los ciudadanos –varones únicamente– con derecho a voto. Si los primeros cristianos tomaron este término para referirse a la comunidad de los discípulos, es porque fue el empleado para traducir el término *qahal* en la traducción griega del Antiguo Testamento que ellos manejaban, llamada de los Setenta, y realizada por los judíos entre los siglos III y II a.C. *Qahal Yahvé* designa en los escritos del Antiguo Testamento a la asamblea del pueblo de Israel reunida para el culto a Dios cuyo modelo y norma es la reunión del Sinaí. A diferencia de la asamblea de hombres libres de la ciudad griega, en la *qahal* de Israel, como también en la Iglesia, sí había mujeres y niños (en la antigua Grecia no podían ser sujetos activos en la vida política, ¡como para idealizar modelos democráticos sin más matiz!). También es distinto el fin de la reunión, la *qahal* se reúne para escuchar y dar culto a Dios, la asamblea griega, para decidir sobre los asuntos de la *polis*. La experiencia del destierro hizo que la esperanza y petición de una intervención soberana de Dios que convocase a Israel en una *qahal* definitiva fuera ocupando un lugar cada vez más destacado en la oración de Israel. Por eso, la selección por parte de la primera comunidad del término iglesia para designarse a sí misma es particularmente significativa, porque, como dice J. Ratzinger, «de este modo declara que esta oración se ha cumplido en nosotros. Cristo, muerto y resucitado, es el Sinaí vivo; quienes se acercan a él forman la asamblea elegida y definitiva del pueblo de Dios» (*La Iglesia. Una comunidad siempre en camino*, p. 28).

Por todo lo dicho hasta ahora puedes entender que afirmaciones como la del *Pastor de Hermas* no son exageradas y que efectivamente la Iglesia, constituida en la plenitud de los tiempos por Cristo –como veremos a continuación–, no es fruto de la improvisación. Ha sido desde el principio querida y preparada por Dios con la llamada de los patriarcas, la convocación de Israel y su elección como pueblo de Dios, y con la denuncia de su infidelidad y anuncio de una Alianza nueva y definitiva por parte de los profetas.

3. Al grano, ¿fundó o no fundó Jesús la Iglesia?
La fundación de la Iglesia por Cristo

¿Pero fundó o no Jesús la Iglesia? Porque puede parecer que estamos queriendo evitar responder, y nada más lejos de la realidad. Efectivamente, la afirmación tradicional de que Cristo fundó la Iglesia debe ser mantenida, pero no de manera aislada, sino en conexión con lo dicho en el apartado anterior y más aún con la misión del Espíritu Santo. Seguir la perspectiva trinitaria e histórico-salvífica de *Lumen Gentium* implica, como ha señalado G. Richi, «considerar las misiones del Hijo y del Espíritu Santo como co-constitutivas en el origen de la Iglesia» (*Una débil criatura lleva a Dios. Vademecum de eclesiología*, p. 63. Salvo que se diga otra cosa, las citas de este autor son de esta obra). ¿Qué quiere decir esto? Tratemos con más calma de desgranar el significado de estas palabras.

En primer lugar, comencemos por caer en la cuenta de que este planteamiento de la fundación de la Iglesia por Cristo que estamos tratando de hacer implica renunciar a la búsqueda de un «momento fundacional» para la Iglesia en la vida de Jesús o señalar Pentecostés como el inicio de la misma. Aunque hay que reconocer momentos especialmente significativos en lo que se refiere al origen de la Iglesia, como la elección de los doce, la última cena o el mismo Pentecostés, sin embargo, es toda la vida y entrega de Jesús la que hace surgir la Iglesia como comunidad de discípulos en torno a sí. Y esto sí es decisivo: es evidente la voluntad de Jesús de congregar alrededor de Él un grupo llamado a compartir su vida, misión y destino. Esta voluntad de Jesús y estos gestos van acompañados de su predicación en la que se va perfilando el nuevo pueblo de Dios que Él está congregando. La utilización de imágenes veterotestamentarias de Israel, como la viña, el rebaño, el templo, y otras que apuntan a la intervención definitiva de Dios, como el banquete, las bodas o la familia reunida con el padre, son particularmente significativas. Llegados a este punto, hay que recuperar la desafortunada frase de Loisy «Jesús anunció el Reino y ha venido la Iglesia» para darle una respuesta, dado que la inminencia del Reino está en el núcleo de predicación de Jesús. Dicho de otro modo, queremos preguntarnos qué relación hay entre el Reino de Dios anunciado por Cristo y la Iglesia. En realidad, ya tienes los elementos necesarios para dar una respuesta, pero, aun así, vamos con ello.

El anuncio del Reino de Dios que hace Jesús es el anuncio de la intervención definitiva de Dios para salvar a su pueblo, no es una cosa o un lugar, sino el reinado de Dios sobre los suyos. Como se ha explicado antes, esta intervención es esperada por Israel como la convocatoria de una *qahal* definitiva, como una refundación del pueblo elegido que ya no falle en su respuesta a Dios. Lo que entendería, por tanto, un judío al escuchar a Jesús anunciar la inminencia del Reino es la llegada de la acción de Dios por la que convocará definitivamente a Israel y se manifestará su señorío sobre todo. Dios no reina sin un pueblo. Por eso *el Reino de Dios ha llegado* (*Mc* 1, 15), donde está Jesús, ahí está el Reino. Y por eso desde el principio Él se rodea del nuevo pueblo de Dios. ¿Quiere decir esto que la Iglesia es el Reino de Dios? No exactamente. Es signo y presencia ya iniciada del mismo. El Reino ya está en la historia con Jesús y sus discípulos en torno a él, esto es la Iglesia, pero hasta el final de los tiempos no será consumado y manifestado en su plenitud.

En segundo lugar, volviendo al hecho fundamental de que Jesucristo desde el comienzo de su misión quiso rodearse de un grupo con el que compartir su vida y su destino, hay que observar que en la cohesión e identidad de este grupo tiene un lugar fundamental la oración. Los mismos discípulos le piden que les enseñe a orar y Él les entrega una oración: el Padrenuestro. Conviene tener presente que, en los grupos religiosos en torno a maestros judíos del momento, tener una oración en común era un elemento distintivo esencial. Por eso, la petición de una oración en común expresa la conciencia que tenían los discípulos de ser una comunidad nueva con Jesús a la cabeza. Además, al menos en el caso de los doce, los discípulos son fruto de la oración de Jesús que los llama a estar con Él y participar de su relación con el Padre (cfr. *Lc* 6, 12ss). Aparece así aquel grupo como la célula inicial de la Iglesia que es congregada y mantenida en unidad por la oración.

Por otra parte, la comunidad de discípulos no es un grupo amorfo, al modo de una comuna hippie, sino que desde los comienzos aparece dotado de una estructura definida. En él encontramos el grupo de los doce, como un núcleo más compacto en torno a Jesús. A ellos les encomienda que vayan a anunciar el Reino de Dios (cfr. *Lc* 9, 1-6), haciéndoles así partícipes de su misión, y aparecen con frecuencia cumpliendo encargos de Jesús o interviniendo en diálogos y signos del Maestro. También aparece, como un círculo más amplio, el grupo de los setenta o setenta y dos discípulos que Jesús envía también a predicar (cfr. *Lc* 10, 1-24). Los números no son casuales, en la Escritura y en general en el mundo antiguo están cargados de significado simbólico. Doce hace referencia a las doce tribus de Israel, el número de los hijos de Jacob que dan lugar a ellas, que son origen y estructura fundamental del pueblo. Llamar a doce y constituirlos en grupo estable en torno a sí es la manera más clara y explícita de presentarse como cabeza del nuevo Israel convocado por Dios. Algo que Cristo quiso dejarles claro con palabras como estas: *En verdad os digo: cuando llegue la renovación y el Hijo del hombre se siente en el trono de su gloria, también vosotros, los que me habéis seguido, os sentaréis en doce tronos para juzgar a las doce tribus de Israel* (*Mt* 19, 28). Por otra parte, la conciencia de los doce de ser el germen del nuevo pueblo de Dios tiene en la elección del sustituto de Judas, el traidor, un testimonio claro e irrefutable.

Vamos con los setenta o setenta y dos, porque en los manuscritos antiguos de *Lc* aparecen ambos números. Setenta, o setenta y dos, era para los judíos el número de los pueblos del mundo conforme a los descendientes de los hijos de Noé, Sem, Cam y Jafet, enumerados en *Gn* 10. También aquí hay inseguridad con el número, pues el texto hebreo dice setenta y la traducción griega de los Setenta dice setenta y dos. También setenta, o setenta y dos, fueron los traductores de la Escritura al griego para significar que aquel texto era ahora la Sagrada Escritura para todos los pueblos de la tierra. De este modo, el número de setenta o setenta y dos discípulos manifiesta la amplitud universal de la misión de Jesús: el nuevo Israel abarcará a la humanidad entera. Si lo piensas bien, la misma duda en torno al número, si setenta o setenta y dos, que encontramos en los tres polos del argumento, refuerza la autenticidad del significado simbólico que hemos expuesto.

En tercer lugar, si la Iglesia naciente es el nuevo Israel convocado por Dios cuya cabeza es Jesús, resulta imprescindible que haya una renovación de la Alianza. De hecho, es lo que espera Israel, tal y como explicamos en el apartado anterior al tratar del sentido del término *ekklèsia* y del contenido del *qahal* de Israel, cuyo modelo

–te recuerdo– es la asamblea del Sinaí. Las palabras del Señor respecto a la destrucción del templo y su sustitución por uno superior *no edificado por manos humanas* (*Mc* 14, 58) nos aportan aquí una luz importante. Tanto en los sinópticos como en Juan, es evidente que ese nuevo templo es el cuerpo glorificado de Jesús (cfr. *Jn* 2, 19). Esto significa que «Jesús anuncia la ruina del antiguo culto y, con él, del antiguo pueblo elegido y de la antigua economía [de la salvación] mientras promete un culto nuevo y superior, cuyo centro será su propio cuerpo glorificado» (J. Ratzinger, *El nuevo pueblo de Dios*, p. 92). Por eso la institución de la Eucaristía en la última cena tiene un lugar fundamental en el origen de la Iglesia. Es la renovación de la Alianza, la estipulación del nuevo pacto con Dios. Los discípulos se convierten en nuevo pueblo de Dios por la comunión con el cuerpo de Cristo. Por eso en la Eucaristía está siempre el centro de la Iglesia, porque solo a partir de ella es pueblo, solo ella la edifica en el origen y en cada tiempo de su peregrinar por la historia. La Iglesia nace siempre de la celebración de la Eucaristía.

Por último, precisamente en el lugar privilegiado que ocupa la última cena –y la entrega de Cristo en la cruz en ella anticipada– dentro de la fundación de la Iglesia encontramos un vínculo fundamental con la misión del Espíritu Santo. Porque solo en virtud de la resurrección y del don del Espíritu Santo tuvieron los discípulos, y nosotros también, acceso al significado de los hechos de la última cena (cfr. G. Richi, p. 68). Los acontecimientos del día de resurrección, las primeras apariciones o el restablecimiento en la misión que les había confiado, son hechos esenciales en la fundación de la Iglesia. A través de ellos son constituidos en apóstoles, es significativo que los doce no son nombrados así hasta este momento. Finalmente, «"Cuando el Hijo terminó la obra que el Padre le encargó realizar en la tierra, fue enviado el Espíritu Santo el día de Pentecostés para que santificara continuamente a la Iglesia" (LG 4). Es entonces cuando "la Iglesia se manifestó públicamente ante la multitud; se inició la difusión del Evangelio entre los pueblos mediante la predicación" (AG 4)» (CEC 767). La misión del Espíritu sella la fundación de la Iglesia que es, como queda patente de nuevo en el texto que acabamos de citar, obra de toda la Trinidad.

4. Siempre como al principio
La forma apostólica de la Iglesia

Hablar de la fundación de la Iglesia y de que Cristo es su fundador puede llevar a un equívoco, si lo pensamos como sucede en las fundaciones humanas. En ellas el fundador y el acto fundacional permanecen exteriores a la realidad fundada, de manera que el paso del tiempo hace que queden en el pasado y el discurrir de la fundación, no vinculado necesariamente a su fundador y a su deseo fundacional. Por ejemplo, cuando en 1892 David Abercrombie y Ezra Fitch fundaron la compañía Abercrombie & Fitch para vender material de alta calidad a las expediciones científicas y deportivas de finales de XIX y principios del XX, no podían imaginar dónde acabaría su sociedad. Ellos proveyeron a grandes aventureros, algunos de ellos famosos como Charles Lindbergh o Amelia Earhart, en sus viajes que ayudaron a estrechar las fronteras de la época y alcanzar lugares hasta entonces inexplorados. No sé si les agradaría ver que su obra ya no viste aventureros, sino que representa, e incluso se presenta a sí misma, como punta de lanza de un estilo de vida que exalta el cuerpo, el deseo de parecer siempre joven y la superficialidad. ¿Podría pasarle lo mismo a Jesús con la Iglesia? Que Él quisiera una cosa, la fundara y la pusiera en marcha y que con el paso del tiempo haya cambiado y ya no pueda reconocerse en lo que fue al inicio, ¿es esto posible? Si la fundación de la Iglesia fuera como son las fundaciones humanas, podría ser.

En cambio, la fundación de la Iglesia no es así. Cristo no es una causa exterior a la Iglesia que, una vez produce su efecto, se quita de en medio. Él permanece siempre en el centro, porque la Iglesia es comunidad de discípulos en torno a Él. No hay Iglesia sin Jesucristo en medio constituyéndola en pueblo de Dios por medio de la

Eucaristía y del don del Espíritu Santo. En el fondo, este es uno de los significados de la afirmación de que la Iglesia es apostólica: ella existe siempre en la historia como comunidad de discípulos misioneros, es decir, apóstoles, en torno a Jesús. Dicho de otro modo, la apostolicidad de la Iglesia no nos dice solo algo sobre su inicio: está edificada sobre la misión de los Apóstoles y los tiene a ellos siempre como cimiento; sino que también dice algo sobre su estructura y permanencia en la historia: «Toda la Iglesia es apostólica mientras permanezca, a través de los sucesores de san Pedro y de los Apóstoles, en comunión de fe y de vida con su origen. Toda la Iglesia es apostólica en cuanto que ella es "enviada" al mundo entero; todos los miembros de la Iglesia, aunque de diferentes maneras, tienen parte en este envío» (CEC 963). La Iglesia permanece así siendo lo que fue, siempre siendo lo que es.

RESUMEN

- La afirmación de que Cristo fundó la Iglesia ha sido asumida pacíficamente por todos los cristianos durante siglos, sin más interés en este hecho que mostrar cómo la Iglesia recibe de quien la constituye todo cuanto es y posee (su autoridad, su doctrina, sus instituciones...). Solo a partir de la crisis protestante y en particular de la teología liberal, que niega radicalmente tal afirmación tradicional, se ha convertido en un tema polémico.

- Desde entonces pervive en muchos una sospecha respecto a la Iglesia, a la que se presenta con frecuencia separada de Cristo e incluso opuesta a él. En este sentido ha alcanzado cierto éxito la oposición entre Cristo y su mensaje, que sería espiritual, de amor, dirigido a la intimidad personal, y la Iglesia como institución llena de normas arbitrarias y de doctrinas atrasadas y rígidas. De la respuesta que se dé al origen de la Iglesia y a su relación con Cristo depende totalmente cuál sea la naturaleza de la misma y su lugar en el plan de salvación divino.

- La Iglesia tiene su origen en la Trinidad. Es una criatura de Dios ordenada a la salvación de la humanidad. Una salvación que solo se da en la comunión de la vida divina. La Iglesia es, por tanto, la congregación que Dios hace de sus hijos para compartir con ellos su bienaventuranza. De hecho, Iglesia significa en griego «convocación».

- La Iglesia ha sido anunciada, prefigurada y preparada desde el comienzo de la historia de la salvación. Particularmente la Asamblea de Israel en el Sinaí, congregada para dar culto a Dios, se convertirá en figura de la congregación definitiva que espera el pueblo y que solo puede realizar el Mesías. La primera comunidad cristiana eligiendo el término «iglesia» para designarse reclama para sí misma el ser precisamente esta convocación definitiva del nuevo pueblo de Dios para darle culto en espíritu y verdad.

- Jesús realiza esta convocación definitiva de su pueblo al rodearse desde el primer momento de una comunidad de discípulos con los que comparte su vida y misión. No cabe identificar la fundación de la Iglesia por parte del Señor con un acto singular, sino que esta nace de su voluntad de compartir vida y misión con sus discípulos. Una voluntad que se expresa en infinidad de gestos y palabras, entre los que destaca la llamada de los doce y la última cena.

- Junto a Cristo y de manera inseparable, en la constitución de la Iglesia actúa el Espíritu Santo. Ambas misiones, del Hijo y del Espíritu, actúan en la fundación de la Iglesia constituyéndola en la realidad que es. Su acción, por otra parte, no queda en el principio de manera que pudiera verse ya superada en algún momento. Cristo y el Espíritu son quienes constituyen permanentemente a la Iglesia particularmente desde la Eucaristía.

- La apostolicidad de la Iglesia significa no solo que está fundada sobre el testimonio apostólico, sino también que por su naturaleza la Iglesia solo existe como comunidad apostólica en torno a Jesús, alentada y unida por el Espíritu Santo.

Capítulo 2

UN CUADRO CUBISTA PARA INTENTAR ENTENDER LA IGLESIA

Aproximación al misterio de la Iglesia

Hemos intentado en el capítulo anterior aclararnos algo sobre el origen de la Iglesia y, por la naturaleza de la cuestión, no solo hemos descrito su comienzo, sino que también hemos podido conocer bastantes cosas acerca de su ser y de su permanencia en la historia. Ahora en este capítulo sí queremos lanzarnos de lleno a tratar de conocer cómo es la Iglesia. La investigación sobre su origen ya te pone sobre la pista de que nos queremos acercar a una realidad muy rica, llena de pliegues y profundidades que la hacen tremendamente atractiva pero también compleja de aferrar. Ciertamente es un rasgo propio de la realidad y particularmente de los organismos vivos. Motivo por el cual, resulta tremendamente difícil captar lo que son a través de una sola mirada o un solo punto de vista. Por eso, cuando un grupo de pintores quiso ofrecer en sus cuadros una visión completa, global, de la realidad, buscaron un nuevo modo de expresión rompiendo con el dogma del punto de vista único sobre el que se asentaba la pintura hasta ese momento. La asunción del punto de vista múltiple es una de las claves del cubismo, la primera vanguardia pictórica del siglo XX, que rompe así con la perspectiva tradicional vigente desde el renacimiento. Te parecerán raros quizá esos cuadros que, sin sensación de profundidad, presentan a la vez la vista frontal y laterales de un rostro, con los ojos, la nariz y las orejas yuxtapuestos y de frente al que mira. Pretenden mostrarte de ese modo una panorámica completa de la realidad capaz de abarcarla por entero y, para ello, un punto de vista no es suficiente, tienes que tener varios a la vez.

¿Por qué este rollo sobre el cubismo? Pues porque con la Iglesia sucede que, si queremos verla tal cual es, no podemos asumir tampoco una perspectiva única, debemos tener varias a la vez. En concreto, tres, las que corresponden a su relación con Dios Trino, Padre, Hijo y Espíritu Santo. Debemos acercarnos a la Iglesia de manera complementaria en su ser pueblo de Dios, en relación al Padre, cuerpo de Cristo, en relación al Hijo, y templo del Espíritu Santo, en relación a la Tercera Persona. Por la limitación propia de nuestra inteligencia creada, pues solo Dios puede tener todo presente a la vez en su conciencia, debemos proceder una a una. Pero sin olvidar que hemos de mantenerlas unidas porque se necesitan y reclaman para ofrecer una visión completa. Olvidarnos de las otras o incluso oponerlas entre sí solo puede llevarnos al fracaso. Y no es ciencia ficción, o teología ficción si lo prefieres. En el siglo pasado, hasta su último tercio, se dio una fuerte polémica en torno a la noción de cuerpo de Cristo y de pueblo de Dios y de cuál debía adoptarse como más conveniente para hablar de la Iglesia. En línea con *Lumen Gentium*, que vino a traer paz a la cuestión, hay que mantener las dos unidas de manera que se iluminen mutuamente y con la perspectiva del templo del Espíritu nos introduzcan en la comprensión del misterio de la Iglesia.

1. Mirar desde y hacia el Padre
El pueblo de Dios

La primera vista que daremos a la Iglesia es la que parte de su relación con el Padre, fuente, origen y fin de todas las cosas. La mirada al Padre nos habla sobre todo del origen y destino de la Iglesia así como de su peregrinar hacia Él. La imagen de un pueblo en marcha, constituido por el querer de Dios y orientado a alcanzar su meta en Él incorpora además la perspectiva antropológica. Porque solo en los fieles concretos que caminan hacia Dios en una época y lugar determinados se realiza el pueblo de Dios en la historia. La visión de la Iglesia como pueblo de Dios la hace aparecer al mismo tiempo originada desde la Trinidad, por quien es querida y constituida, y formada de entre los hombres, porque solo se realiza en la comunidad de fieles cristianos.

Antes de proseguir hay que hacer una observación. Si buscas la expresión pueblo de Dios en el Nuevo Testamento, te sorprenderá que aparece sobre todo para referirse a Israel y no a la comunidad de discípulos de Cristo; solo en dos lugares, *1 P* 2, 9-10 y *Tt* 2, 14, encontramos pueblo de Dios referido a la Iglesia. La extrañeza desaparece rápido si traes a la mente lo que dijimos acerca del contenido de la palabra *ekklèsia* y del término judío que traduce, *qahal*. Conforme a lo dicho entonces, podemos afirmar que el término iglesia, preferido por la comunidad primitiva, expresa todo el contenido teológico y escatológico del pueblo de Dios. No te asustes, con teológico y escatológico solo se quiere aludir al hecho de ser la comunidad convocada por Dios para establecer su reinado en el tiempo final.

1.1. Más que una imagen
Noción de pueblo y su sentido teológico

Tratemos de profundizar en el significado de la Iglesia vista como pueblo de Dios formado por Dios Trino de entre los hombres. Quizá lo primero sea caer en la cuenta de que las tres visiones de la Iglesia, en función de su relación con las personas de la Santísima Trinidad, son más que meras imágenes. Cuando decimos que la Iglesia es pueblo de Dios no estamos en el terreno de las metáforas, como sí hacemos cuando decimos que es la barca de Pedro o la viña del Señor. Hablar de la Iglesia pueblo de Dios, cuerpo de Cristo y templo del Espíritu, es hablar de lo que es la Iglesia, bajo diferentes aspectos y perspectivas; no son comparaciones o metáforas externas a la realidad de la Iglesia, sino expresión de lo que la Iglesia es en realidad.

La segunda cuestión, y esta resulta esencial para la noción de pueblo de Dios, es que la perspectiva adecuada para su comprensión es la teológica. Es decir, la que pone el acento en la segunda parte: es de Dios. Dios está en su origen, en su conservación y marcha por la historia y en su consumación en el cielo. ¡Pues vaya dato esencial!, dirás. Bueno, parece de perogrullo, pero, si echamos un vistazo a la historia de la comprensión de la idea de pueblo de Dios, igual no te lo parece tanto.

La idea de pueblo de Dios, sin ser desarrollada sistemáticamente por los primeros escritores cristianos, es transmitida por los Padres de la Iglesia y recibida por los autores medievales que comienzan a hablar también del «pueblo cristiano». Este último término se irá cargando de un contenido sociológico y político que con el tiempo dará lugar a dificultades. Nacieron así los primeros planteamientos antijerárquicos, como el de Ockham, que desembocarán en la revuelta protestante. Una noción cada vez más sociopolítica del pueblo de Dios está en el origen, entre otros factores, de la reforma propuesta por Lutero. Sin pretender explicar las ideas de Lutero en su totalidad, atendamos solo a lo que nos interesa para nuestro propósito. Lutero propone una radical distinción entre lo material y lo espiritual, lo visible y lo invisible. La Iglesia, la comunidad de los discípulos pertenecería a esta última esfera interior, espiritual e invisible. La estructura, todo lo exterior sería obra de los hombres, algo necesario quizá para mantener el orden, pero desde luego sin nada que ver con la santidad del Evangelio. En el fondo, la contraposición de Lutero no era nueva, nunca han faltado –ni faltan– quienes por rebeldía o indignación por los pecados de los que forman la Iglesia propongan cosas semejantes. La respuesta católica fue, en esencia, defender el fuerte. Y, al hacerlo, se acentuó el peso de lo sociológico en la concepción del pueblo de Dios. Tal fue la respuesta de san Roberto Belarmino al hablar de la Iglesia como sociedad perfecta, es decir, como aquella que cuenta con todos los medios necesarios para su fin. Es fácil criticar ahora el planteamiento de aquellos teólogos, pero ante un desafío semejante habría que ver si tú o yo lo habríamos hecho mejor. Con sus límites, desde luego, aquella reacción quiso mantener lo fundamental de la fe acerca de la Iglesia y eso sí lo consiguió.

De esta excursión por la historia creo que podemos sacar varias enseñanzas. La primera es que de la contraposición entre aspectos propios de la Iglesia no se saca nada positivo. La Iglesia es visible e invisible, humana y divina, santa y pecadora en sus miembros, peregrina en la tierra y triunfante ya en los santos del cielo. La solución fácil de tomar solo un polo de los que están en juego, en realidad, no es solución, sino disolución de lo que es la Iglesia. Segundo, volviendo a lo que decíamos al principio, la clave para interpretar adecuadamente la visión de la Iglesia como pueblo de Dios es la teológica. Cuando se antepone a ella un criterio sociológico o político, se llega a callejones sin salida. Un ejemplo de ello es la interpretación en clave marxista de la noción de pueblo de Dios que se ha hecho en algunos ámbitos, sobre todo a finales del siglo XX.

Por último, una apreciación que puede terminar de aclararnos. En la expresión pueblo de Dios hay una dirección vertical que mira a Dios y establece la relación con él de todos los miembros de ese pueblo en tanto que «familia» de Dios, hijos queridos del Padre. Junto a ella encontramos una dirección horizontal, la que hace hermanos y coherederos del Reino a todos los miembros de ese pueblo. Entre ellas hay siempre una prioridad de la primera, de la dirección vertical, sobre la segunda porque lo que constituye en miembro del pueblo, y por tanto en hermano, es ser hecho hijo por el Bautismo. Esto es lo que significa que la perspectiva para comprender la noción de pueblo de Dios solo puede ser teológica.

1.2. *Del bosquejo a la obra maestra*
Israel y la Iglesia

Venimos hablando de la Iglesia como pueblo de Dios, como nuevo pueblo de Dios, y ¿qué pasa con el antiguo? ¿Qué relación hay entre Israel y la Iglesia? Porque con decir que la Iglesia es el nuevo Israel, el nuevo pueblo de Dios, no se soluciona la cuestión; más todavía cuando tenemos al lado a Israel presente en la historia y aguardando el cumplimiento de las promesas de Dios. Por otra parte, la cuestión que nos planteamos no es nueva, ya san Pablo la aborda en su *Carta a los Romanos* en los capítulos 9 a 11. Seguir al Apóstol es el camino más seguro para intentar ver claro en este tema.

Lo primero de todo es afirmar algo que ha quedado patente al hablar del origen de la Iglesia como convocación del pueblo de Dios para el establecimiento de su reinado: la Iglesia, su origen y su vida, se sitúan en la historia de las relaciones de Dios con su pueblo. La Iglesia presupone a Israel que prefigura al pueblo definitivo hacia el que está siempre en camino. Y ella es, siguiendo a san Pablo, el resto de Israel que ha acogido al Mesías. En este sentido se puede decir que la Iglesia es el verdadero Israel, el verdadero pueblo de Dios, porque es ya el cumplimiento de las promesas.

¿Qué sentido tiene entonces la permanencia de Israel en la historia? Lo dicho anteriormente no puede llevar a un juicio negativo sobre Israel en su conjunto, ni a negar todo valor a la promesa que aguarda. Israel ha sido elegido por Dios y Dios es fiel a sus obras, no se echa para atrás. No dice «en principio te elijo, pero te voy diciendo», si elige, elige. Su permanencia en la historia es un testimonio de esa espera y el recuerdo de las promesas que ya se han empezado a cumplir en la Iglesia. La esperanza de Israel en la promesa de Dios, lejos de haber sido abolida, ha empezado a cumplirse. Por eso san Pablo afirma que Dios no ha rechazado del todo a Israel: su caída por no haber reconocido al Mesías ha sido ocasión para que muchos venidos de fuera de Israel acojan la salvación, entonces su readmisión plena al cumplimiento será causa todavía de mayor gloria.

1.3. El espíritu de un pueblo
Los rasgos del nuevo pueblo de Dios

Se atribuye a Winston Churchill afirmar que los pueblos que caen sin luchar desaparecen porque ya han perdido su identidad y sus ideales, mientras que aquellos que son derrotados luchando vuelven a levantarse porque no han traicionado lo que son. El sentido del pueblo de Dios, su propósito e identidad, los rasgos que lo constituyen y le hacen ser lo que es, eso es precisamente lo que vamos ahora a intentar desgranar al menos en sus líneas fundamentales siguiendo el texto de *Lumen Gentium* que lo describe.

Ya hemos insistido suficientemente en que lo determinante del pueblo de Dios es que es de Dios. No se identifica, por tanto, con ningún pueblo de la tierra ni con ninguna cultura, sociedad o realización mundana. Es un pueblo de hijos al que se entra a formar parte, no por el nacimiento físico, sino por el nacimiento del agua y del Espíritu de que habla san Juan, es decir, por el Bautismo. «Este pueblo mesiánico tiene por cabeza a Cristo» (LG 9 y las citas que siguen). Al hablar de Cristo como cabeza del pueblo, *Lumen Gentium* pone a Cristo en el núcleo de la visión de la Iglesia como pueblo de Dios, estableciendo así un «hipervínculo» con la imagen de ella como cuerpo de Cristo queriendo señalar que deben leerse complementariamente. «La condición de este pueblo es la dignidad y la libertad de los hijos de Dios, en cuyos corazones habita el Espíritu Santo como en un templo. Tiene por ley el nuevo mandato de amar como el mismo Cristo nos amó a nosotros». Más en clave cristológica: la identidad propia de ese pueblo es ser hijos en el Hijo y su ley, el mandato nuevo del amor dado por el Señor y que le tiene a Él como medida y modelo. Y otro «hipervínculo», esta vez con la Iglesia templo del Espíritu: porque todo eso se realiza en el Espíritu Santo que habita en los fieles. De este modo «el Vaticano II pone en el centro de su enseñanza la figura del fiel cristiano *(christifidelis)*, es decir, lo esencial y lo común en la Iglesia, antes que cualquier tipo de diferencia fruto de la vocación específica, del oficio desempeñado, de los dones carismáticos y de los estados de vida» (G. Richi, p. 91).

Descrita la naturaleza del pueblo, cómo se empieza a formar parte de él, cuál es su cabeza, su identidad y su ley fundamental, queda que delineemos su finalidad y su destino. La Iglesia «tiene en último lugar, como fin, el dilatar más y más el Reino de Dios, incoado por el mismo Dios en la tierra, hasta que al final de los tiempos Él mismo también lo consume, cuando se manifieste Cristo, vida nuestra, y *la misma criatura sea liberada de la servidumbre de la corrupción para participar en la libertad de los hijos de Dios* (Rm 8, 21). Este pueblo mesiánico, por consiguiente, aunque no incluya a todos los hombres actualmente y con frecuencia parezca una grey pequeña, es, sin embargo, para todo el género humano, un germen segurísimo de unidad, de esperanza y de salvación. Cristo, que lo instituyó para ser comunión de vida, de caridad y de verdad, se sirve también de él como de instrumento de la redención universal y lo envía a todo el universo como luz del mundo y sal de la tierra (cfr. *Mt* 5, 13-16)». La misión de la Iglesia está en continuidad con la misión de Cristo al servicio de la extensión del Reino de Dios. Es en ese sentido salvación ya iniciada, anticipo de ese Reino que anuncia y al que están llamados todos los seres humanos. El horizonte de su consumación, cuando Cristo vuelva en poder y gloria, señala la dimensión peregrina y escatológica, es decir: caminar hacia el final y ser anticipo del mismo forma parte esencial –como veremos– de su ser pueblo de Dios.

1.4. Radiografía de los renacidos
Los rasgos fundamentales de los fieles de Cristo

De los rasgos que acabamos de exponer se deduce qué es lo constitutivo del pueblo de Dios: ser fiel de Cristo, es decir, hijo a causa del Bautismo por el que se ha renacido a una vida nueva como miembro del pueblo de los bautizados cuyo fin en la vida es participar de la misión que Cristo les ha encomendado. Se sigue también de aquí el retrato robot de un miembro del pueblo de Dios: un discípulo misionero, usando las palabras del papa Francisco (cfr. *Evangelii gaudium*, 119-120). Aunque lo hayamos dicho en singular, el fiel nunca existe aisladamente. Solo se puede ser fiel cristiano perteneciendo a la comunión de los fieles cristianos. Lo personal y lo comunitario siempre se reclaman complementariamente. Pero tratemos de perfilar más lo que significa ser miembro del pueblo fiel.

Dice el *Apocalipsis* que Cristo *nos ha hecho reino y sacerdotes para Dios, su Padre* (*Ap* 1, 6). ¿Qué significa? *Lumen Gentium* te lo explica: «Los bautizados, en efecto, son consagrados por la regeneración y la unción del Espíritu Santo como casa espiritual y sacerdocio santo, para que, por medio de toda obra del hombre cristiano, ofrezcan sacrificios espirituales y anuncien el poder de Aquel que los llamó de las tinieblas a su admirable luz (cfr. *1 P* 2, 4-10). Por ello todos los discípulos de Cristo, perseverando en la oración y alabando juntos a Dios (cfr. *Hch* 2, 42-47), ofrézcanse a sí mismos como hostia viva, santa y grata a Dios (cfr. *Rm* 12, 1) y den testimonio por doquiera de Cristo, y a quienes lo pidan, den también razón de la esperanza de la vida eterna que hay en ellos (cfr. *1 P* 3, 15)» (LG 10). ¿Comprendido? Por si acaso, y sabiendo que lo haremos peor, digámoslo de otro modo. Los fieles cristianos por el Bautismo reciben una vida nueva, una vida que es de Dios y que los hace pertenencia de Dios, eso significa que son consagrados. Son Reino de Dios porque Dios reina en ellos como en pueblo de su propiedad, que ha comprado con la sangre de la cruz. ¿Y en qué consiste esa vida nueva de los fieles en la tierra? En ofrecerse por entero a Dios. Ofrecer a Dios una ofrenda es lo propio del sacerdote, es lo propio de Cristo único y eterno sacerdote que se ofrece a sí mismo en la cruz. Los bautizados son auténticamente un pueblo de sacerdotes porque ofrecen su vida unida a la de

Cristo como sacrificio agradable al Padre. Como dice la liturgia, Dios «ha conferido el honor del sacerdocio real a todo el pueblo santo» (Prefacio I de ordenaciones). Este sacerdocio de todos los fieles de Cristo recibe el nombre de sacerdocio común.

Reyes, sacerdotes... y profetas. El pueblo de Dios es un pueblo profético. Si el Bautismo supone el comienzo de la participación en la realeza y el sacerdocio de Cristo, también es el inicio de la participación en su profecía. Esto significa que es propio de los fieles confesar y anunciar la fe. Confesarla asistidos por un don llamado *sensus fidei/sensus fidelium*, sentido sobrenatural de la fe, recibido con la participación en la función profética de Cristo, que preserva de error a los fieles cuando en su conjunto profesan la fe. Para más información acerca de este *sensus fidei/sensus fidelium* puedes acudir al manual de teología fundamental de esta misma colección.

Una última cuestión sobre lo que significa ser fiel cristiano. Aunque hemos hablado de bautizado como sinónimo de fiel, como, por otra parte, es muy común en los textos teológicos, no se puede perder de vista la importancia fundamental de la Confirmación y de la Eucaristía en la constitución de un ser humano en fiel de Cristo. La identificación tiene sin duda su base en el papel esencial del Bautismo, que es verdaderamente la puerta por la cual se entra en la Iglesia y en la economía sacramental. Pero hay que tener en cuenta que sin la Confirmación y la participación en la Eucaristía no llega a su plenitud la iniciación de un cristiano, es decir, su constitución completa en fiel de Cristo. Algo así como si a una persona le faltase una pierna, o un pulmón, podría seguir viviendo, pero de manera muy disminuida.

1.5. Un retrato de familia
La estructura del pueblo de Dios y la diversidad de sus miembros

En el núcleo de lo que significa pertenecer al pueblo de Dios está la noción de fiel cristiano *(christifidelis),* tal y como se ha señalado repetidamente. Y esto significa que en primer plano está aquello común que constituye a los miembros del pueblo y en virtud de lo cual todos ellos son iguales en dignidad y misión. Pero el pueblo de Dios, lo mismo que dijimos sobre el primigenio grupo de los discípulos, no es una masa informe y desorganizada. En el pueblo de Dios hay una estructura y un orden, y también una diversidad de miembros en función de su vocación, oficio, carisma o estado de vida. Si antes nos centramos en lo que hace a todos los fieles iguales en su ser precisamente fieles, ahora queremos poner la mirada en esa estructura definida y en la variedad de formas en que los fieles participan de la vida de este pueblo.

La auténtica orden del servicio distinguido
La constitución jerárquica de la Iglesia

«Para apacentar el Pueblo de Dios y acrecentarlo siempre, Cristo Señor instituyó en su Iglesia diversos ministerios, ordenados al bien de todo el Cuerpo. Pues los ministros que poseen la sacra potestad están al servicio de sus hermanos, a fin de que todos cuantos pertenecen al Pueblo de Dios y gozan, por tanto, de la verdadera dignidad cristiana, tendiendo libre y ordenadamente a un mismo fin, alcancen la salvación» (LG 18). En la Iglesia de Cristo, el poder es servicio porque, como acabas de leer, en servir a los demás fieles está la finalidad y sentido de los diversos ministerios (ministerio significa servicio) eclesiales que el Señor ha dado a su pueblo. ¿Servicio para qué? Para que todos los fieles puedan responder a la llamada divina y encontrar en la tierra el camino del cielo. De este modo aparece el contenido de la potestad sagrada que poseen los ministros de la Iglesia: es una potestad sobre aquello relativo a la salvación de las almas. Es decir, se trata de un poder sobre la administración de los medios de la salvación, la predicación y los sacramentos, así como del cuidado de la comunidad cristiana en su ejercicio de la fe y la caridad. ¿Y esto qué quiere decir? Pues que la potestad es eminentemente espiritual y sobre las cosas espirituales y morales. Y eso significa que los pastores de la Iglesia no tienen potestad, por ejemplo, sobre cómo organizar la vida social o económica, ámbitos que tienen su justa autonomía y en los que respetando el orden natural de las cosas los fieles cristianos han de buscar con la luz del Evangelio los caminos que les parezcan mejores. En materias económicas, sociales, políticas o artísticas, la potestad de los ministros solo alcanza para señalar aquellos principios fundamentales que deben ser siempre respetados por todos y que se refieren a la dignidad y libertad de las personas. Cuando los ministros se confunden en esto y pretenden determinar por su autoridad alguna de las esferas de la vida de las personas antes mencionadas, además de que suelen hacerlo bastante mal, siembran división en el pueblo de Dios, algo del todo contradictorio con la finalidad de su ministerio.

Que el sentido de la potestad de los ministros de la Iglesia sea servir a los demás fieles para que vivan su vocación de hijos de Dios apunta además a dos cuestiones muy importantes. Primero, señala el límite de esa potestad: es *para edificar y no para destruir* (*2 Co* 13, 10). Segundo, indica la relación entre los fieles ordenados y el resto de fieles cristianos y, por consiguiente, entre el sacerdocio común, del que ya hablamos antes, y el sacerdocio ministerial que ejercen los pastores en favor del pueblo cristiano. El sacerdocio ministerial y el sacerdocio real de los fieles, por el que unidos a Cristo se ofrecen al Padre, están íntimamente unidos. Brotan ambos del único sacerdocio de Cristo y se distinguen, no como grados o niveles en él, sino como diversos modos de participar en el mismo. Dicho de otro modo, no se diferencian en que uno sea mejor que otro, no es un concurso a ver quién puede más. Sacerdocio común y sacerdocio ministerial se distinguen en su esencia por cómo participan del sacerdocio de Cristo y están unidos estrechamente por estar el segundo al servicio del primero.

¿Y quiénes forman parte de la jerarquía como ministros? Pues no creo que te descubra nada nuevo: los obispos, sucesores de los apóstoles, con el papa a la cabeza, y sus colaboradores, los presbíteros (llamados también simplemente sacerdotes) y los diáconos. Aquí sí hay una distinción de grados. Los obispos poseen la plenitud del sacramento del orden. Son pastores propios de su diócesis, una porción del pueblo de Dios y, en comunión con el papa, poseen la potestad necesaria para su misión. Los presbíteros poseen el orden sacerdotal en un segundo grado y son colaboradores necesarios del obispo en la atención pastoral de la diócesis y solo en comunión con él pueden ejercer su ministerio. Por último, los diáconos representan el tercer grado del sacramento del orden y están dedicados principalmente a la predicación de la palabra y al servicio de la caridad.

¿Un pueblo en que todos reinan?
Los laicos

Hemos empezado hablando de la jerarquía, como suele hacerse, pero la inmensa mayoría del pueblo de Dios son los fieles laicos, es decir, aquellos fieles cristianos que no han recibido el orden sagrado ni han realizado ningún tipo de consagración religiosa. Que esta definición «negativa», por oposición a los ministros sagrados y a los religiosos, no te lleve a pensar que son miembros de segunda. Al contrario, la Iglesia no es cosa solo de los sacerdotes o de los religiosos y religiosas, sino que incumbe a todos los fieles y estos son en su mayoría laicos. Aquella campaña del Ministerio de Hacienda que decía «Hacienda somos todos» aquí sí que es cierta con el pertinente cambio: la Iglesia somos todos.

Pero ¿qué distingue a los laicos? *Lumen Gentium* lo ha expresado con toda nitidez: «están llamados por Dios, para que, desempeñando su propia profesión guiados por el espíritu evangélico, contribuyan a la santificación del mundo como desde dentro, a modo de fermento. Y así hagan manifiesto a Cristo ante los demás, primordialmente mediante el testimonio de su vida, por la irradiación de la fe, la esperanza y la caridad. Por tanto, de manera singular, a ellos corresponde iluminar y ordenar las realidades temporales a las que están estrechamente vinculados, de tal modo que sin cesar se realicen y progresen conforme a Cristo y sean para la gloria del Creador y del Redentor» (LG 31). Los fieles laicos son verdaderamente los apóstoles de Cristo en medio del mundo para acercar a sus semejantes a la verdad del Evangelio. Son una suerte de fuerzas especiales que alcanzan todas las realidades humanas para, desde dentro de las mismas, llevar a ellas el amor de Cristo y extender su Reino.

La participación de los laicos en la misión es plena y verdadera y nace de su vocación bautismal. Por eso hoy se habla con frecuencia de la corresponsabilidad en la misión para referirse a la colaboración de los ministros con los laicos. Porque no reciben esa misión de los ministros ni el ejercicio está subordinado a su voluntad de manera absoluta. Al contrario, como venimos insistiendo, participan de la única misión encomendada por Cristo a su Iglesia por título propio, ser apóstol es parte esencial de su vocación cristiana recibida por el Bautismo.

Señales del futuro
La vida consagrada

Dentro del pueblo de Dios, Cristo ha querido poner unos faros que con su luz señalen permanentemente a los demás que la gloria de la eternidad es el fin hacia el que todo fiel debe tender. Estas señales del futuro feliz que nos aguarda a todos son los religiosos. Ellos por su consagración a Dios, mediante votos u otros vínculos semejantes a ellos, se obligan a una especial práctica de los consejos evangélicos de pobreza, castidad y obediencia. Así toman un camino de radical seguimiento de Cristo que constituye una llamada permanente para los demás fieles a cumplir con dedicación sus obligaciones cristianas. Son, en este sentido, profecía de los bienes futuros que golpea la conciencia de los demás fieles, no para imitarlos en su camino, sino para buscar responder con mayor fidelidad al propio.

Desde esta perspectiva, el testimonio de radicalidad en el cumplimiento de los consejos evangélicos aporta luz, como una cierta anticipación de lo definitivo en el cielo, para que los demás miembros del pueblo de Dios se orienten en su camino. Así la continencia perfecta por el Reino de los cielos que viven por el voto de castidad señala el horizonte sobrenatural de todo amor humano llamado a trascenderse a sí mismo y llenarse de amor divino. Con el voto de pobreza y el desprendimiento visible de las cosas mundanas son una llamada a no dejar que los asuntos del mundo, de los que han de ocuparse laicos y ministros sagrados –cada uno en el modo que le es propio–, terminen por ocupar un lugar que no les corresponde en sus vidas de hijos de Dios. Por último, la obediencia con que gobiernan sus vidas pone en primer plano la obediencia de Cristo como camino de plenitud para el fiel, que debe aprender a abrazar la voluntad de Dios, particularmente cuando la propia libertad humana parece rebelarse.

En cuanto luz y signo resulta evidente que su eficacia depende en buena medida de su visibilidad. Y esta visibilidad depende principalmente de la fidelidad de quienes se han consagrado a la práctica de sus votos y a que esta fidelidad sea conocida y palpable. Por ello, entre otras razones, desde siempre los institutos religiosos han buscado distinguirse por el vestido, mediante hábitos religiosos, el lugar donde habitan, edificando monasterios y conventos, y el modo de actuar conforme a una regla de vida. Ciertamente todos esos signos visibles y concretos solo son eficaces si manifiestan de verdad una vida entregada a Dios y a la Iglesia. Pero no lo es menos que cuando desaparecen, por más que haya una vida de santidad, difícilmente esta podrá ser apreciada como signo profético por quienes viven alrededor, simplemente porque nada se lo señala. Puede suceder entonces, parafraseando *Mt* 5, 15, que la luz que se había encendido para alumbrar a los de casa termine debajo del celemín en lugar de estar en el candelero.

RESUMEN 1

- Para acercarse al misterio de la Iglesia con la perspectiva teológica que hemos asumido, un camino privilegiado es considerarla desde su relación con cada una de las personas de la Trinidad. Así la visión de la Iglesia como pueblo de Dios, cuerpo de Cristo y templo del espíritu, constituyen puntos de vista complementarios en la comprensión de la Iglesia. Estas presentaciones de la Iglesia son más que una mera imagen o metáfora, pues dicen lo que la Iglesia es en realidad; y en la medida en que se comprenden en mutua relación son una vía más fecunda para adentrarse en el misterio de la Iglesia.

- En la comprensión de la categoría pueblo de Dios es esencial la primacía de lo teológico. De hecho, una excesiva carga sociopolítica del mismo ha llevado a maneras inadecuadas de entender y expresar la Iglesia. Tal es el caso de la oposición entre lo visible y lo invisible, lo espiritual y lo institucional –típico en el protestantismo– que reduce la Iglesia al ámbito interior individual. La categoría pueblo de Dios debe ser siempre entendida desde su ser de Dios. Ahí tiene la fuente de su identidad y especificidad.

- El pueblo de Dios es un pueblo que tiene a Cristo por cabeza y está formado por los hijos de Dios, renacidos por el Bautismo a una vida nueva alentada por el Espíritu. Por eso es precisamente el Bautismo, junto con la Confirmación y la Eucaristía, la puerta de entrada al pueblo de Dios pues constituye al ser humano en fiel cristiano. Y la vida nueva propia del fiel consiste en el ofrecimiento de su vida unida a la de Cristo. Por eso son verdaderamente sacerdotes, profetas y reyes.

- Dentro de los fieles cristianos que forman el pueblo de Dios se puede distinguir una diversidad de miembros. En primer lugar, la inmensa mayoría de ellos, los fieles laicos, aquellos llamados a santificar el mundo desde dentro en la familia, el trabajo y la vida social. Llamados para servir a sus hermanos y hacer posible que cumplan su misión encontramos a los ministros ordenados. La potestad espiritual y el sacerdocio ministerial que reciben se ordena precisamente a este servicio al pueblo de Dios. Se trata de una participación del sacerdocio de Cristo esencialmente distinta del sacerdocio común de todo fiel cristiano. Por último, los religiosos, con su especial consagración a Dios, son signo del cielo y luz para que los demás miembros del pueblo santo no olviden su destino.

2. Mirar desde el Hijo
El cuerpo de Cristo

La comprensión de la Iglesia como cuerpo de Cristo es quizá la más explícita en el Nuevo Testamento y en la teología, al menos hasta el siglo XIV. Tiene como fundamento el desarrollo paulino de la *Carta a los Romanos, Primera Corintios, Efesios* y *Colosenses.* A partir de estos pasajes tratemos de entender la riqueza de la comprensión de la Iglesia como cuerpo de Cristo y su significado. Lo primero que debemos considerar es cómo interpretar la misma expresión cuerpo de Cristo. ¿Como una mera metáfora? ¿En un sentido corporativo, al modo en que hablamos, por ejemplo, de un cuerpo de ejército? Vayamos poco a poco.

Al pensar en el origen de la expresión «cuerpo de Cristo», los estudiosos han propuesto diversos marcos de comprensión. Con frecuencia se ha vinculado el desarrollo paulino a la presentación del estado o la sociedad como un cuerpo, expresando así la relación y dependencia de sus ciudadanos como miembros del mismo. Esta idea tiene sobre todo un contenido moral o social, con intención de fomentar la paz y el compromiso de los ciudadanos con el conjunto. Otro marco interpretativo señala directamente a una alegoría al estilo de las alegorías gnósticas. Con sus matices, como en el caso anterior, se lleva la imagen del cuerpo al terreno de la metáfora y de la alegoría moral. Por último, se suele decir que en san Pablo y su desarrollo del cuerpo de Cristo influyen las especulaciones rabínicas en torno a Adán y su papel en la generación de la humanidad. Sin despreciar del todo la influencia de esta última cuestión, ninguna de las hipótesis hacen justicia a la visión paulina del cuerpo de Cristo. Para encontrar una clave adecuada de comprensión hay que buscar en otro lugar. ¿Dónde hacerlo? Pues sin duda en la vida de la primera comunidad. Solo partiendo de la vida de la comunidad primitiva, que se entiende a sí misma como comunidad de discípulos en torno a Cristo resucitado, podremos entender adecuadamente la expresión que san Pablo pensó para significar, precisamente, la unión de los discípulos con Cristo y de los discípulos entre sí.

Cuerpo de Cristo no puede ser entendido entonces en sentido meramente moral o alegórico, sino que debemos comprenderlo de modo normal e inmediato en referencia a la vida nueva de los cristianos a la que se nace por el Bautismo. Una vida que se califica como vida en Cristo, ser de Cristo, y que comporta una identificación vital con el resucitado. Ser de Cristo es el rasgo esencial y constitutivo de esa vida nueva en que es introducido el cristiano. Esto significa que, por haber muerto al pecado y haber sido liberado de su egoísmo, el Bautizado ya no se pertenece, sino que pertenece a aquel que lo ha liberado. La unión con Cristo generada por el Bautismo es tan grande que ya no se puede distinguir a Cristo de sus discípulos. La identificación realizada por el sacramento es tal que no pueden ser separados. Por eso el Señor, cuando salga al encuentro de Saulo que iba camino de Damasco a encarcelar a los cristianos de esa ciudad, le dirá: *Saulo, Saulo, ¿por qué me persigues?* (*Hch* 9, 4). No pregunta por qué persigues a los que yo quiero, o a mis discípulos, sino que dice por qué me persigues a Mí. Hasta tal punto es así, que el mismo san Pablo escribirá años después para hablar de esta nueva existencia en la que es introducido el bautizado: *vivo, pero no soy yo el que vive, es Cristo quien vive en mí. Y mi vida de ahora en la carne la vivo en la fe del Hijo de Dios, que me amó y se entregó por mí* (Ga 2, 20). Esta vida nueva implica una transformación real de la persona que, sin embargo, no la disuelve en el conjunto, sino que respeta su originalidad y, como miembro activo, su capacidad de aportar a la vida común con su santidad y servicio.

Esta manera de ver la Iglesia señala entonces directamente a la realidad de comunión con Cristo y de los hombres entre sí a la que se accede por el Bautismo y se alimenta por la Eucaristía. Una comunión que no puede ser interpretada unilateralmente como meramente visible en términos sociológicos y asociativos, ni tampoco como exclusivamente espiritual e invisible. Como ya se apuntó con anterioridad, históricamente, la tentación casi permanente al comprender la Iglesia ha sido separar y oponer en ella la dimensión visible institucional y su aspecto espiritual e invisible. Esta tentación también se ha dejado sentir en la comprensión del cuerpo de Cristo referido a la Iglesia. No nos podemos detener en ello porque excede los límites y el propósito de este manual, pero al menos conviene que dejes anotado que no se trata de una cuestión pacífica, especialmente después de la crisis protestante; y que una lectura católica de esta imagen pasa por mantener unidas ambas dimensiones. De todos modos, esta cuestión inevitablemente volverá a aparecer.

2.1. Viaje al corazón de la Iglesia
La Iglesia y la Eucaristía

En la consideración de la Iglesia como cuerpo de Cristo encontramos un vínculo fundamental entre ella y la Eucaristía. Desde luego ya quedó de manifiesto la importancia de la institución de la Eucaristía en el origen de la Iglesia, nacida de la entrega de Cristo. Ciertamente, cuando hablamos de cuerpo de Cristo aludimos a tres realidades íntimamente relacionadas. En primer lugar está el cuerpo individual de Jesús, formado en el seno de María; en segundo lugar, la Eucaristía, ese mismo cuerpo de Cristo entregado que se nos ofrece en banquete de salvación; y en tercer lugar, la Iglesia, unión en un solo cuerpo de los discípulos de Cristo procurada por la Eucaristía. De los tres, el último es el más real y verdadero de todos. Sí, estás leyendo bien. El cuerpo de Cristo cuando significa la Iglesia adquiere su sentido definitivo. ¿Cómo puede ser? Pues porque es el último efecto del sacramento de la Eucaristía, de la que el cuerpo individual de Jesús era figura. En efecto, en la Eucaristía –como en todo sacramento– encontramos aquello que se ve, el signo sacramental (pan y vino), que se llama *sacramentum tantum* (únicamente sacramento); el cuerpo y la sangre de Cristo, ocultas bajo la apariencia de pan y vino, son efecto del sacramento y a la vez instrumento, por eso se dice que son *res et sacramentum* (cosa y sacramento); y por fin, la unión con Cristo de todos sus miembros en la Iglesia que es *res sacramenti* (cosa del sacramento), es decir, solo efecto porque no es instrumento ni signo para otra cosa. La unión indisoluble, espiritual y corporativa de los miembros de la Iglesia con Cristo es significada y causada por la Eucaristía. No podemos detenernos más en esta cuestión de teología sacramental, con lo dicho debemos conformarnos. Si quieres más, encontrarás un desarrollo de todo ello en el manual de introducción a los sacramentos de esta misma colección.

De esta relación entre Eucaristía y cuerpo eclesial se siguen varias cuestiones de vital importancia. En primer lugar, se entiende por qué la expresión cuerpo de Cristo fue utilizada inicialmente en la teología para referirse a la Iglesia, mientras que respecto a la Eucaristía esa expresión solía ir acompañada de «místico» o algún adjetivo semejante que la distinguiese del significado directo antes señalado. Así se expresa nítidamente la estrecha relación entre cuerpo eucarístico y cuerpo eclesial, de manera que el primero edifica al segundo y este no puede entenderse sin la Eucaristía. No será hasta el siglo XII cuando empiece a cambiar el uso del lenguaje y su significado. A partir de ese momento se empieza a usar el término cuerpo de Cristo para designar a la Eucaristía y cuerpo místico para significar a la Iglesia. Este cambio tiene de fondo un desplazamiento de significado del concepto de cuerpo hacia la esfera jurídica dejando el ámbito sacramental que antes hemos explicado. La Iglesia aparece así en los textos posteriores al siglo XII, no tanto como auténtico cuerpo de Cristo, sino más bien como la corporización de Cristo; y la expresión cuerpo de Cristo aplicada a la Iglesia ya no tiene un sentido sacramental, sino más bien expresa una alegoría. Este significado alegórico viene reforzado por el adjetivo místico que desde ese momento acompañará a cuerpo para referirse a la Iglesia. La cada vez mayor polarización jurídico-corporativa de la compresión del cuerpo místico de Cristo encontrará una violenta contestación en la revuelta protestante. Heredera de aquella es el desarrollo en la edad moderna de la noción «romántica» de cuerpo místico de Cristo como organismo de Cristo, oculto e invisible. Esta interpretación del cuerpo místico está detrás de las dificultades para hablar de la Iglesia como cuerpo de Cristo que arrastró la teología católica hasta el siglo XX cuando la encíclica *Mystici corporis* contribuyó decisivamente a aclarar la situación.

Una segunda cuestión importante, derivada de lo que se afirmó antes acerca de la Eucaristía y la Iglesia, es que «"hay un influjo causal de la Eucaristía en los orígenes mismos de la Iglesia". La Eucaristía es Cristo que se nos entrega, edificándonos continuamente como su cuerpo. Por tanto, en la sugestiva correlación entre la Eucaristía que edifica la Iglesia y la Iglesia que hace a su vez la Eucaristía, la primera afirmación expresa la causa primaria: la Iglesia puede celebrar y adorar el misterio de Cristo presente en la Eucaristía precisamente porque el mismo Cristo se ha entregado antes a ella en el sacrificio de la Cruz» (*Sacramentum caritatis*, 14). Esta prioridad de la Eucaristía como causa de la Iglesia significa la prioridad de Cristo y de su entrega sobre la Iglesia, Él nos amó primero. De manera que es esa entrega, renovada sacramentalmente en la Eucaristía, lo que edifica permanentemente a la Iglesia. Sin Eucaristía no hay Iglesia. Más adelante extraeremos importantes consecuencias de esta afirmación.

2.2. La importancia de tener Cabeza
Cristo, cabeza del cuerpo

Un cuerpo sin cabeza es la imagen del desorden y del caos, más aún si se mueve «como pollo sin cabeza». La cabeza de un cuerpo físico no es un miembro más, tampoco lo es en el cuerpo eclesial. De hecho la enseñanza de Cristo como cabeza de la Iglesia, que tiene su punto de partida en las cartas paulinas a los *Efesios* y a los *Colosenses,* es imprescindible para completar la perspectiva de la Iglesia como cuerpo de Cristo. Vamos al grano. ¿Qué quiere decir san Pablo cuando dice que Cristo es la cabeza de la Iglesia? Tener presente el significado de ser cabeza en el siglo I puede sernos de gran ayuda. En el mundo grecorromano en que se desenvuelve Pablo, ser cabeza significa fundamentalmente dos cosas: por una parte, la cabeza es quien gobierna, así, por ejemplo, Zeus es llamado cabeza del cosmos; por otra, la cabeza es principio motor que infunde vida y dirige al cuerpo. Ambos sentidos están presentes en la afirmación paulina. Que Cristo es cabeza de la Iglesia significa que Él está por encima de ella como su principio, infundiéndole vida y dirigiéndola siempre.

En la doctrina de Cristo cabeza de la Iglesia encontramos también el límite de la imagen del cuerpo, que no puede en ningún caso interpretarse físicamente. Cristo cabeza no solo es principio vital y motor de la Iglesia a la que gobierna, sino que es también hacia quien debe crecer y asemejarse todo miembro del cuerpo (cfr. *Col* 4, 15). El término de los miembros es la cabeza, deben crecer hacia ella para asemejarse a Cristo y tomar su forma. Pero ese crecer hacia la cabeza no anula ni absorbe la individualidad de los miembros, sino que, como su principio vital, les comunica su gracia haciéndoles partícipes de su ser Hijo (les hace hijos en el Hijo). Esto es lo que san Agustín explicaba al hablar del Cristo total para referirse a Cristo y su cuerpo la Iglesia, de quien Él es cabeza. Más tarde, la teología medieval desarrollaría estas ideas bajo el título de la gracia capital de Cristo, algo sobre lo que podrás encontrar mucho más en el manual de cristología de esta misma colección.

La plenitud de comunión con Cristo a que apunta la idea de cuerpo supera su propia capacidad significativa. Por eso necesita ser complementada. Algo que hace el mismo san Pablo cuando entrelaza su presentación de la Iglesia como cuerpo de Cristo con la de la Iglesia como esposa de Cristo. Pero antes de seguir los pasos de san Pablo y poner la mirada en la Iglesia como esposa de Cristo, hemos de abordar una última cuestión acerca de Cristo como cabeza.

San Pablo, al decir que Cristo es cabeza, insiste una y otra vez en que es señor del cosmos y, sin embargo, no dice que el cosmos sea su cuerpo, sino que su cuerpo es la Iglesia. Esto debe ser explicado. Lo primero es entender que la Iglesia es el ámbito primero de la acción de la cabeza y a través de ella se manifiesta la plenitud del amor de Cristo que ya ha triunfado. En este sentido la Iglesia es revelación del sentido último del cosmos y en ella es experimentable el destino último de la Creación. La Iglesia es testimonio e instrumento por el que Cristo toma posesión del cosmos. Por la predicación de la Iglesia se manifiesta este destino último que ya empieza a realizarse por medio de su caminar en la historia. Por eso, la Iglesia por su origen y destino hace referencia al universo entero y nuevamente aparece en primer plano la consideración de ella como misterio de salvación.

2.3. La novia era ella
La Iglesia, esposa de Cristo y madre fecunda

En estrecha relación con la elaboración en torno al cuerpo de Cristo encontramos en san Pablo el desarrollo de la Iglesia como esposa de Cristo. La imagen esponsal se enmarca bien dentro de la tradición veterotestamentaria que ya la había explorado profusamente para hablar de las relaciones de Yahvé con Israel. Ahora san Pablo explicita esta imagen desde Cristo, mostrando incluso su misión en términos esponsales: Él ha venido para entregarse por su esposa. La imagen esponsal aporta un marcado carácter relacional y personal a la descripción de la relación de Cristo con su Iglesia que constituye un magnífico complemento para el desarrollo de la Iglesia como cuerpo de Cristo. En la relación personal de Cristo con su Iglesia no hay, sin embargo, reciprocidad ni igualdad: hay una prioridad radical de Cristo sobre su esposa, pues ella nace de su costado abierto. La fecundidad de la Iglesia, al engendrar hijos en la fe, ciertamente realiza la fecundidad de la obra redentora de Cristo, pero es precisamente de Él de quien recibe tal capacidad, manifestándose así la prioridad del Esposo sobre la esposa.

Afirmada la prioridad de Cristo, hay que señalar que la imagen esponsal subraya la respuesta libre de la Iglesia como un elemento esencial, algo que no podía apreciarse fácilmente en su presentación como cuerpo de Cristo. Efectivamente la existencia de la Iglesia como unión de los fieles con Cristo, fruto de su entrega, requiere la acogida de la fe. Hay prioridad de Cristo que se da y a la vez necesidad del sí de la Iglesia. Aparece así la Iglesia como un sujeto colectivo que encuentra en el *fiat* de María el primer fruto de la fecundidad de Cristo de manera que la Iglesia tiene en ella su «centro personal y realización plena» (Von Balthasar). Pues en María se manifiesta plenamente esa fecundidad de Cristo y su sí garantiza la respuesta humana a la iniciativa de salvación divina. La Iglesia y María son esposa fecunda en la historia, madre que engendra hijos en la fe por el Bautismo, realizando así en la historia la fecundidad de Cristo.

Un detalle, de vital importancia. En la Iglesia esposa está simbolizada toda la humanidad, también los varones. Lo humano solo se comprende desde la complementariedad varón-mujer, masculino-femenino. Perder esta perspectiva condena al ser humano a la incapacidad para entenderse a sí mismo, para entender la creación y también para comprender el plan de salvación ofrecido por Dios.

La imagen esponsal además de la perspectiva relacional pone en primer plano también la dimensión histórica de la relación entre Cristo y su Iglesia. ¿Qué quiere decir esto? Pues que la respuesta de la esposa consiste en permanecer en Cristo viviendo en el presente su identidad: ser fruto del amor del Señor. Rechazando la tentación de pensarse al margen de su Señor y de amoldarse al mundo en que vive. Esto significa que mientras camine por la tierra la Iglesia no es un organismo acabado, sino que necesita de purificación y renovación permanente. Su transitar por el tiempo es precisamente una historia de crecimiento en su respuesta al amor de Cristo como esposa fiel.

RESUMEN 2

- La Iglesia entendida como cuerpo de Cristo es la primera y más antigua comprensión sobre ella que encontramos en los escritores cristianos. De hecho hunde sus raíces en la presentación que san Pablo hace de la Iglesia en sus cartas, precisamente en estos términos. Siguiendo al apóstol, la Iglesia como cuerpo de Cristo no debe ser entendida como una idea moral, corporativa o alegórica, sino que debe entenderse en sentido directo y real, aludiendo a la vida nueva en que es introducido el bautizado. Una vida que es la de Cristo y que le identifica con Él haciéndole miembro de su cuerpo.

- La concepción de la Iglesia como cuerpo de Cristo la sitúa en un plano eminentemente sacramental y en estrecha relación con la Eucaristía. Una relación en la que la Iglesia aparece como fruto de la Eucaristía, en cuanto esta existe para alcanzar a los hombres la comunión con Cristo. El fiel recibe el cuerpo eucarístico para ser transformado él mismo en cuerpo de Cristo, es decir, en miembro de su Iglesia. Por eso hay una prioridad de la Eucaristía sobre la Iglesia, puesto que la edifica, y que es, en realidad, la prioridad de la entrega de Cristo en la cruz de cuyo costado nace la Iglesia.

● Cristo es la cabeza de la Iglesia. Esto significa, siguiendo el sentido con que lo decían los antiguos, que Cristo es el principio vital de la Iglesia, quien la gobierna y mantiene cohesionada. Pero Cristo es también la plenitud hacia la que debe crecer todo el cuerpo y a la que ha de asemejarse. Esto último apunta la imposibilidad de entender cuerpo de Cristo en términos físicos.

● La presentación de la Iglesia como cuerpo de Cristo aparece en san Pablo complementada por la de esposa. Esto señala los límites de la primera y aporta a la relación de Cristo con su Iglesia un sentido más personal donde la respuesta humana adquiere un lugar relevante. De este modo se expresa más nítidamente que la realidad de comunión expresada por el cuerpo de Cristo solo existe como unión de los fieles en Él, fruto de la acogida del don de la salvación por parte de ellos. En este sentido, María, con su sí, aparece como centro personal y realización plena de la Iglesia.

3. Mirar desde quien une y santifica
Templo del Espíritu Santo

La Iglesia es pueblo de Dios, querido desde siempre por el Padre en su designio de salvación y convocado por el Hijo mediante su predicación y, sobre todo, por el misterio pascual, cuerpo de Cristo, constituido por la entrega del Señor y edificado siempre por la Eucaristía, y también es templo del Espíritu Santo, que habita y actúa tan profundamente en ella que incluso se dice del cuerpo de cada miembro de la Iglesia que es *templo del Espíritu Santo* (*1 Co* 6, 19).

Hay una profunda unidad entre estas tres visiones de la Iglesia fruto de la unidad trinitaria en su actuación hacia fuera en la obra de salvación. Unidad que se manifiesta particularmente en las misiones del Hijo y del Espíritu Santo (acerca de las misiones de las personas de la Trinidad encontrarás más información en el manual de Trinidad de esta colección). El don del Espíritu Santo en Pentecostés forma parte del misterio pascual de Cristo, que quedaría incompleto sin la comunicación de la vida divina a sus discípulos por medio del don de la Tercera Persona de la Trinidad. Este don es parte esencial de la obra de Jesús y es también un elemento fundamental en el origen de la Iglesia. El don escatológico del Espíritu –aunque el término escatológico ya apareció anteriormente, recuerda que hace referencia a algo propio del final de este tiempo, de aquellas últimas cosas que preceden a la eternidad– forma parte esencial de la constitución de la Iglesia. No es algo que se añade, sino que la comunidad de discípulos no adquiere su forma plena hasta recibir este don. Porque solo el Espíritu Santo conduce a la verdad plena sobre Cristo, mantiene al discípulo unido a Él y le convierte en testigo ante el mundo, tal y como insiste san Juan en su evangelio o lo expresa san Lucas en el relato de Pentecostés.

De lo anterior se desprende de manera muy natural hablar del Espíritu Santo como cofundador de la Iglesia en inseparable unión con Cristo. Sería un tremendo error separar y más aún oponer a Cristo y al Espíritu. Quizá pienses que vaya obviedad te acabo de decir, que a quién se le ocurriría hacer tal cosa. Pues si insistimos, es porque ya se ha tratado de hacer. En el mundo eclesial todo lo posible es real. Y ya en el siglo XII Joaquín de Fiore propuso una era del Espíritu que superaría la de Cristo. Cualquier división o separación de Cristo y el Espíritu en el origen y sostenimiento de la Iglesia es siempre algo problemático. No puede atribuirse al Espíritu lo invisible, la Iglesia espiritual y a Cristo, la visible institucional, ni presentar la acción del Espíritu como más extensa y universal que la de Cristo. Si en general esto no es posible –véase de nuevo el manual de Trinidad–, respecto a la Iglesia lo es menos, si cabe. Porque la afirmación de que es templo del Espíritu está en relación de dependencia con la afirmación de Cristo como templo del Espíritu.

En la acción amplia y profunda del Espíritu en su templo que es la Iglesia es posible distinguir tres aspectos que intentaremos desarrollar a continuación, a saber: primeramente, el Espíritu como principio vital que unifica a la Iglesia en la comunión con Cristo; en segundo lugar, el Espíritu como guía que sostiene y acompaña a la Iglesia en su caminar a lo largo del tiempo; y por último, el Espíritu Santo como fuente de santidad que renueva siempre a la Iglesia mediante sus dones haciendo de ella auténtica comunión de los santos.

3.1. Un cuerpo sin alma no es un cuerpo, es un cadáver
El Espíritu, principio de unidad y comunión de la Iglesia

Un cuerpo sin alma es un cadáver y avanza hacia su descomposición. Esta es una verdad más allá de su evidente significado biológico. Se aplica también a la idea de cuerpo como organismo social. Cualquier sociedad o asociación de personas cuando pierde su alma, es decir, aquello que es su principio vital –ya sea el fin para el que nació, los ideales que la sostenían, etc.–, se sitúa en la senda de la división y la desintegración. La historia es rica en ejemplos. En la Iglesia el principio vital no es un ideal, como sería seguir la causa de Jesús –por más noble que sea–, sino que es el mismo Espíritu, que introduce y conserva en una vida nueva a los discípulos de Cristo. Una vida que es la vida de los hijos de Dios y que comporta una relación singular con Dios Trino. Algo que encontramos compendiado en el final de la Segunda Carta a los Corintios: *La gracia del Señor Jesucristo, el amor de Dios y la comunión del Espíritu Santo estén siempre con todos vosotros* (*2 Co* 13, 13). Seguro que te suena, lo habrás escuchado muchas veces en la misa como saludo del celebrante al inicio de la misma. Siguiendo las palabras de san Pablo aparece la comunión como el don específico del Espíritu en correlación con el amor dado por el Padre y la gracia ofrecida por Jesucristo. ¿Pero qué es la comunión? A poco que participes en la vida de la Iglesia a través de tu parroquia, movimiento o carisma, seguro que habrás escuchado muchas veces hablar de la comunión, pero ¿sabrías decir lo que es? Porque tengo la impresión de que se habla mucho de ella, pero pocas veces de manera precisa. En ocasiones parecería una nube densa que lo cubre todo y sirve para todo. Para justificar reuniones o asambleas; para revestir de autoridad o de necesidad, bajo la fórmula –casi mágica– de hacer comunión o, peor aún, bajo la amenaza de faltar a ella o romperla, actuaciones u opiniones que no pasan de ser cuestiones menores o de libre ejercicio y juicio. ¿Pero es que la comunión la pueden hacer obras humanas? ¿No hemos dicho que es el don específico del Espíritu Santo? En fin, ¡qué confusión! Por eso es necesario profundizar en el significado de la comunión como don del Espíritu Santo.

La comunión es, en primer lugar, comunión con Dios Padre, Hijo y Espíritu Santo. Tiene, por tanto, un primer sentido eminentemente vertical referido a la vida nueva en que es introducido el fiel cristiano. Una vida que es, ante todo, participar de la vida del Hijo por la comunión con su cuerpo y su sangre, esto significa, una vida a la que se accede por vía sacramental, particularmente por la Eucaristía. En este contexto hemos de recordar la descripción de la vida del cristiano como vivir en Cristo y más todavía la afirmación paulina de que *no soy yo el que vive, es Cristo quien vive en mí* (*Ga* 2, 20), mencionada en el apartado precedente. Una vida que implica la confesión de la fe en Cristo y la configuración de la vida conforme al mandato del amor a Dios y al prójimo, tal como señala san Juan en su Primera Carta. La comunión, por tanto, en cuanto vida nueva sobrenatural, no puede ser producida o generada por acciones humanas, sino solo acogida como un don de Dios. Una acogida que consiste esencialmente en la confesión de la fe verdadera y el ejercicio de la caridad, entendida no como beneficencia, sino como amor a Dios y al prójimo.

Junto con la dirección vertical de comunión con Dios, aparece una segunda orientación en la comunión como efecto y manifestación de esta vida nueva. Es la comunión con los demás discípulos de Cristo. La comunión como participación en la vida divina se expresa y se verifica en la comunión eclesial. No puede vivirse la vida nueva al margen de los demás redimidos. En palabras del apóstol san Juan, *si decimos que estamos en comunión con él y vivimos en las tinieblas, mentimos y no obramos la verdad. Pero, si caminamos en la luz, lo mismo que él está en la luz, entonces estamos en comunión unos con otros, y la sangre de su Hijo Jesús nos limpia de todo pecado (1 Jn 1, 6-7).* La comunión con Dios, vivir una vida nueva que se expresa en el modo nuevo de actuar, y la comunión con los demás fieles en Cristo son inseparables, forman tres pilares necesarios que se reclaman mutuamente de modo que, en la vida de un cristiano, ninguno de ellos puede existir sin los otros dos.

En efecto, no hay más que echar un vistazo a los relatos de Lucas acerca de Pentecostés y de los primeros pasos de la Iglesia para encontrar la confirmación de cuanto venimos diciendo. El fruto del Espíritu en los discípulos es constituirlos en comunidad de testigos con la misión de llevar el Evangelio y dispensar la gracia que han recibido. Algo que se manifiesta en la transformación de las relaciones entre ellos. Así lo señala san Lucas varias veces en los *Hechos de los Apóstoles,* solo una muestra: *Los creyentes vivían todos unidos y tenían todo en común; vendían posesiones y bienes y los repartían entre todos, según la necesidad de cada uno. Con perseverancia acudían a diario al templo con un mismo espíritu, partían el pan en las casas y tomaban el alimento con alegría y sencillez de corazón; alababan a Dios y eran bien vistos de todo el pueblo; y día tras día el Señor iba agregando a los que se iban salvando (Hch 2, 44-47).* La comunión en la fe y en el amor es el fundamento de una comunión entre los hermanos que se manifiesta en un mismo sentir, en la comunión de bienes, en la oración común y en la misión compartida.

Pero la descripción de los Hechos de los Apóstoles no es un ejercicio de ingenuidad o de afán de dar buen ambiente a toda costa. Hay sobrada constancia de los graves problemas que desde el principio afectaron a la Iglesia y a la comunión de sus miembros. Y son los mismos primeros cristianos los que nos han dejado testimonio de ello, basta con leer las cartas de Pablo o de Juan, sin ir más lejos. Precisamente por eso, hay que ver en fragmentos como el antes citado de los Hechos de los Apóstoles un texto de significado principalmente teológico que señala la naturaleza comunitaria y la expresión exterior de la vida nueva de los discípulos de Cristo. Precisamente en la manera de afrontar esas dificultades y conflictos encontramos la unión con los apóstoles y la aceptación de su juicio –y luego con sus sucesores– como un criterio fundamental para mantenerse en la comunión de la Iglesia, véase, por ejemplo, el Concilio de Jerusalén (cfr. *Hch* 15).

En conclusión, la comunión eclesial aparece entonces como un don divino que expresa y verifica la comunión con Dios que vive cada fiel en Cristo y que se manifiesta en la unidad de los fieles dentro de la Iglesia. Es comunión en la fe y en el amor a la que se accede por vía sacramental. Por eso tiene por vínculos fundamentales la fe verdadera, la participación en la liturgia –expresión y alimento de esta fe– y la permanencia visible bajo el gobierno de aquellos testigos autorizados –los sucesores de los apóstoles con el papa a la cabeza– puestos para confirmar en la fe a los demás. Esta presentación de la comunión eclesial nos abre a la consideración de la Iglesia como signo, en tanto que la manifiesta, e instrumento, en cuanto la procura para los fieles, de la comunión con Dios. De ello trataremos en el capítulo siguiente.

3.2. Las riquezas de la Iglesia
Tradición, acción del Espíritu y sacramentos

¡Por fin, un tema con algo de mostaza! Vamos a indagar en los tesoros de la Iglesia, sus riquezas más preciadas. Sin embargo, si esperas la descripción de fastuosas joyas de oro, plata y piedras preciosas, o la enumeración de inmuebles o fondos de inversión, o bien la narración de truculentas historias de intrigas palaciegas, me temo que te decepcionará. Una decepción semejante a la del procurador romano que, ávido de oro, exigió a san Lorenzo que le llevase los tesoros de la Iglesia para quedar libre de la muerte y este se presentó con todos los mendigos y enfermos que encontró por la ciudad de Roma. Porque el tesoro de la Iglesia no es material, sino espiritual. Son los dones del Espíritu que la guían y edifican permanentemente.

En efecto, el Espíritu, como principio vital de la Iglesia, no actúa únicamente en su origen temporal, aunque en el apartado anterior nos hayamos detenido especialmente en su intervención en los orígenes de la Iglesia, sino que es un principio permanente que conserva y vivifica siempre a la Iglesia como realidad de comunión con Dios y de los hombres entre sí. La comunión del Espíritu Santo, que hemos descrito en el capítulo anterior, permanece y se ofrece en la historia por medio de la Tradición. Es más, como señala Bruno Forte, «La Tradición es la comunión del Espíritu Santo en su dimensión temporal, la comunión establecida por Él entre la experiencia de la fe apostólica, vivida en la comunidad original de los discípulos, y la experiencia actual de Cristo en su Iglesia» (*La Iglesia de la Trinidad*, p. 172). Comprendes entonces que la Tradición no es sin más la recepción y donación de algo recibido, sino la actualización permanente de Cristo en su Iglesia por medio de la confesión de la fe, la celebración de los sacramentos, las estructuras ministeriales y la comunión fraterna. Es la permanencia en el tiempo del principio y fuente de la vida nueva en Cristo. Para un estudio más detallado de la Tradición puedes acudir al manual de teología fundamental de esta misma colección.

Sin embargo, sí debemos detenernos algo más en la acción del Espíritu Santo en esta actualización permanente de Cristo en su Iglesia que antes hemos mencionado. En primer lugar, el Espíritu sostiene a la Iglesia entera y a cada uno de sus miembros en la confesión de la fe verdadera. Desde el mismo inicio de la fe, llamando misteriosamente a la confesión de Cristo a cada alma, encontramos al Espíritu como actor principal. Son siempre ciertas las palabras del Señor: *nadie puede venir a mí si no lo atrae el Padre que me ha enviado* (*Jn* 6, 44), y esa fuerza atractiva es, precisamente, el auxilio interior del Espíritu por el que el alma se inclina hacia la confesión de la fe. También es el Espíritu Santo quien actúa en los sacramentos para engendrar la vida de los hijos de Dios en los fieles, alimentarla y conservarla en ellos hasta la vida eterna. Por medio de la sucesión del ministerio apostólico, el Espíritu asegura la continuidad de la Tradición en la enseñanza y la vida transmitida por los apóstoles. Y también suscita en cada momento formas nuevas de vida cristiana para la edificación de la Iglesia, dones carismáticos de Dios a su Iglesia que tampoco le pueden faltar. Cada una de las acciones del Espíritu Santo que acabamos de describir, casi a vuela pluma, reclaman mayor dedicación, sin embargo, tendrás que conformarte con lo señalado, pues debido a la naturaleza y limitación de extensión de este libro no podemos detenernos más y debemos continuar avanzando.

3.3. ¿Acaso somos santos?
Santidad de Dios, santidad de la Iglesia y llamada universal a la santidad

Al confesar nuestra fe en la Iglesia decimos cada domingo que es santa. Una afirmación que enseguida contrasta con los defectos y pecados de sus miembros. Este contraste representa, quizá de una manera particular en nuestra época, un escándalo –del griego «piedra de tropiezo»– para la fe de los fieles cristianos y una acusación permanente de los no creyentes. Por eso tratar de entender qué significa la santidad de la Iglesia y en qué la daña u oscurece el evidente pecado de sus miembros es una cuestión del todo necesaria. Eso intentaremos hacer a continuación.

Lo primero que vamos a tratar de aclarar es qué significa que la Iglesia es santa y qué significa esto para cada fiel cristiano. Santidad es un adjetivo que propiamente solo puede calificar a Dios. Solo Dios es Santo. A Él solo corresponde en sentido pleno la santidad como rasgo propio de su vida. Entonces, ¿por qué llamamos santos a algunas personas o a la misma Iglesia? Por participación en la vida divina. La santidad es la comunión con Dios. Los santos que en el cielo gozan ya plenamente de ella son justamente llamados así porque poseen ya la vida divina plena de los hijos de Dios. Es decir, la santidad es propia en Dios y participada en sus criaturas por medio del don divino. Así, la Iglesia es santa porque es de Dios, porque Él la ha hecho santa. Esta conciencia de haber sido redimida y santificada por Dios queda ampliamente expresada en los testimonios escritos de la Iglesia primitiva; sirva este texto del Nuevo Testamento como muestra: *Él [Cristo] se entregó a sí mismo por ella, para consagrarla, purificándola con el baño del agua y la palabra, y para presentársela gloriosa, sin mancha ni arruga ni nada semejante, sino santa e inmaculada* (*Ef* 5, 26-27). La conciencia de la santidad recibida de Cristo se manifiesta también en la misma designación de sus miembros como santos, sin ir más lejos, así hace san Pablo cuando se dirige por carta *a los santos, que están en Éfeso, a los fieles en Cristo Jesús* (*Ef* 1, 1). Pero esta conciencia de la santidad de la Iglesia se encuentra con la contradicción de la vida de muchos cristianos ya desde sus orígenes, no hay más que echar un vistazo al libro de los Hechos de los Apóstoles o a las cartas de san Pablo para darse cuenta de ello. Esto supone, desde luego, un dato muy relevante: esa contradicción entre la vida de muchos fieles y la afirmación de la santidad de la Iglesia no produjo en ella la rebaja o anulación de la conciencia acerca de su santidad. Lo cual indica que ese no puede ser el camino a seguir.

Por otra parte, el Concilio Vaticano II proclamó solemnemente que «en la Iglesia, todos, lo mismo quienes pertenecen a la Jerarquía que los apacentados por ella, están llamados a la santidad, según aquello del Apóstol: *Porque esta es la voluntad de Dios, vuestra santificación* (*1 Ts* 4, 3)» (LG 49). De este modo recuperaba la conciencia de que la santidad no es para unos pocos, como en algunos momentos de la historia ha podido pensarse al considerar que era patrimonio exclusivo de la vida religiosa. Todos los fieles por el Bautismo son llamados a la santidad debiendo cada uno responder libremente a esta llamada. El concurso de la libertad humana hace que la respuesta a la llamada divina se encuentre siempre sujeta a la fragilidad que le es propia a todo lo humano. Y no solo fragilidad, sino también herida a causa del pecado. Por eso la respuesta a la vocación a la santidad comporta siempre esfuerzo y también combate contra el pecado y sus consecuencias.

De lo que acabamos de decir se sigue fácilmente la respuesta clásica a la contradicción entre santidad de la Iglesia y pecado de sus miembros distinguiendo entre santidad objetiva y santidad subjetiva. La primera se referiría a todos los dones recibidos de Dios, la segunda, a la correspondencia de cada sujeto a ellos. Entonces habría que decir que la Iglesia es absoluta e indefectiblemente santa en cuanto santidad objetiva y solo relativamente santa en cuanto a la santidad subjetiva según sea la correspondencia de cada fiel cristiano. Sin embargo, esta distinción no parece resolver sin más el problema. Porque si bien en el cielo la Iglesia ya sí sería toda santa, en la tierra solo existe como comunión de fieles. Por tanto, parece difícil poder afirmar de ella en la tierra una santidad indefectible, como de hecho se hace. ¿Cómo explicarlo entonces?

La clave está en plantear la cuestión, como señala el profesor Gabriel Richi, a partir de la consideración de la diferente manera de pertenecer a la Iglesia de los justos y de los pecadores: «los pecadores pertenecen a la Iglesia por lo que de santo queda en ellos (el carácter sacramental, la fe, la adhesión a la jerarquía...) y por la caridad de los justos que los sostiene en su camino; los justos, en cambio, pertenecen en virtud de la santidad que habita en ellos. De este modo vale la pena citar las palabras de Journet: "la Iglesia es totalmente santa en los justos y en los pecadores: en el caso de estos últimos con una santidad imperfecta, llena de trabas; en el caso de los justos, con una santidad perfecta, libre"» (G. Richi, p. 110). Al hablar de santidad imperfecta no pienses que es una santidad defectuosa o algo semejante. Tendemos a pensar imperfección como algo malo en sí, incluso moralmente. Sin embargo, imperfecto significa sencillamente no acabado. Lo perfecto es lo terminado, lo hecho ya del todo; lo imperfecto es lo inacabado necesitado de terminarse, de ser consumado o, dicho de otro modo, de ser llevado a su plenitud. Lo que queremos decir es que en la tierra la Iglesia está siempre en camino, siempre inacabada, siempre imperfecta, por tanto; y vive en permanente tensión hacia el cielo, hacia su consumación, donde una parte de ella, la Iglesia celeste, ya ha completado el camino. Sobre esto último volveremos más adelante.

Este planteamiento entronca, por otra parte, con la dramática lucha que descubre todo fiel en su interior y que ha expresado de manera sublime san Pablo: *no hago lo bueno que deseo, sino que obro lo malo que no deseo. Y si lo que no deseo es precisamente lo que hago, no soy yo el que lo realiza, sino el pecado que habita en mí. Así pues, descubro la siguiente ley: yo quiero hacer lo bueno, pero lo que está a mi alcance es hacer el mal. En efecto, según el hombre interior, me complazco en la ley de Dios; pero percibo en mis miembros otra ley que lucha contra la ley de mi razón, y me hace prisionero de la ley del pecado que está en mis miembros* (*Rm* 7, 19-23). Este hecho, dramáticamente descrito por el apóstol, no puede llevar a pensar que pecado y gracia están al mismo nivel. Los fieles no pertenecen a la Iglesia por ser pecadores, sino que son pecadores que por haber sido redimidos entran en comunión con Dios en su Iglesia. Qué absurdo sería poner el foco en el pecado o en ser pecador como presunto título de salvación, como si fuera constitutivo de la comunión. No hay en el pecado comunión alguna, es precisamente lo contrario. Correlativamente, tampoco la Iglesia puede entenderse de ningún modo como comunión de pecadores, porque el pecado no genera comunión alguna. La Iglesia es comunión de redimidos cuya existencia histórica, eso sí, adquiere la forma de un camino de crecimiento en santidad y de combate contra el pecado.

Desde esta perspectiva se puede entender entonces que la Iglesia es toda santa aun siendo en la tierra morada de pecadores. Como dijo san Ambrosio, es *casta meretrix* (creo que no hace falta que traduzca). En su caminar, como en el caminar de cada uno de sus hijos, se entrelazan gracia y pecado, los frutos del amor de Cristo y el egoísmo que se rebela. Ya hay santidad porque la vida de Dios está presente y opera en los fieles, pero solo al final será todo santidad, porque en el camino siempre encontrará restos del hombre viejo que no quiere morir del todo. Se cumple así en cada persona, como también lo hace de manera global en la historia de la Iglesia, la parábola del trigo y la cizaña. Crecen juntas y se entrelazan mientras recorremos esta vida y solo al final se separarán por completo. Mientras caminemos por la tierra, hemos de aceptar que junto con la semilla del Reino y sus primeros frutos también nos acompañarán nuestras debilidades y pecados. Sin que esto sirva de justificación o autocomplacencia, aceptarlo y tener paciencia es necesario para no desesperar en esta vida ni dejar de desear la eterna.

3.4. El gran reformador
La Iglesia necesita siempre ser reformada

La constatación del pecado de los fieles y la imperfección de la Iglesia que camina en esta tierra ha sido motivo de escándalo para los fieles desde el comienzo de su misma existencia. La relajación en las costumbres, particularmente los pecados de los ministros sagrados o de las personas consagradas en la vida religiosa, pero también estructuras temporales no siempre concordes con el fin propio de la Iglesia, han llevado a lo largo de los siglos a reacciones, de diferente signo, en busca de que la Iglesia sea mejor reflejo en sus fieles de la santidad recibida de Cristo. Puedes encontrar violentos movimientos de reacción frente a situaciones decadentes que acabaron por romper la unidad de la Iglesia y, lejos de reformarla, terminaron por ahondar en la herida que pretendían sanar. Los cátaros y albigenses, Wycliff y sus seguidores, la reforma protestante o el movimiento jansenista son algunos ejemplos de reformas fallidas. Por otra parte puedes hallar corrientes renovadoras, como las de Cluny, el Císter, la reforma gregoriana, las órdenes mendicantes o la reforma católica del siglo XVI, que sí renovaron fecundamente la vida de la Iglesia de su tiempo dando respuesta a los males que la asolaban. No es lugar para entrar individualmente en ellas, algo que sí podrás hacer leyendo el manual de historia de la Iglesia de esta misma colección. Lo que ahora nos interesa a nosotros es saber qué distingue una verdadera reforma de la Iglesia de una falsa.

Comencemos por la falsa, que al menos a priori puede ser más fácil de identificar. ¿Cuál es una falsa reforma de la Iglesia? Pues, en pocas palabras, la que hacen los hombres por su cuenta. Pero, obviamente, decir esto no basta, hay que desarrollarlo algo más. ¿Cómo suele ser el proceso de esas falsas reformas? Generalmente, ante aquello que se detecta podrido en la Iglesia –y probablemente con la mejor intención–, se comienza por decir, de modos más o menos sutiles, que es necesario «hacer una iglesia nueva»; que las generaciones precedentes no han sabido ver o hacer lo que realmente es el Evangelio. Detrás de palabras presuntamente piadosas como «volver al Evangelio» se esconde con frecuencia una cierta presunción, ingenua o desquiciada, de iluminado. Y a partir de ahí se hace una fe a la propia medida, por ejemplo, sustituyendo el Credo por otras fórmulas de creación propia –si te resulta extraño esto que te digo, date un paseo por algún templo anglicano o protestante, o peor aún, por alguno católico de ciertos lugares centroeuropeos–. Lo mismo se hace con la liturgia y con todo aquello que se considere desfasado. ¿Con qué criterio y autoridad se hacen estos cambios? En otras épocas se buscaba la autoridad en último término en Dios, ya sea mediante una revelación particular, o mediante el recurso a una lectura parcial de la Escritura, o al «puro Evangelio» que solo había comprendido tal persona o grupo. Hoy, ni siquiera. En nuestro tiempo el recurso más frecuente es «la mayoría» o la aceptación social, tratando de aplicar a la Iglesia la lógica de los partidos políticos y de la democracia. Por otra parte, muchas de estas falsas reformas se centran en aspectos exteriores y de estructura, reduciendo así la Iglesia a aspectos institucionales. Más aún, lo que suelen terminar por hacer es reducir la Iglesia a lo que el ser humano puede hacer, con el evidente carácter efímero y frágil de toda obra humana. Lo que uno hace puede deshacerlo otro; lo que piensa hoy la mayoría mañana puede cambiar y haber una mayoría que piensa diferente. El resultado es una Iglesia cuya fe es reducida a opiniones y sus instituciones, a la expresión momentánea del sentir general.

Vamos ahora a la verdadera reforma, ¿qué la caracteriza? De nuevo, a trazo grueso, diríamos que es la que realiza el Espíritu Santo a través de los santos. Bien, esto escrito queda fenomenal y muy piadoso, pero ¿qué quiere decir? Para tratar de comprenderlo, lo primero es caer en la cuenta de que la clave está en la mirada que se tenga acerca de la Iglesia. En la descripción anterior de una falsa reforma subyace una visión de la Iglesia propia del «activista», del que quiere hacer y construir todo por sí mismo. De este modo se pierde de vista que la Iglesia es ante todo un «misterio», algo que hace principalmente Dios y en cuya obra cooperan y participan los hombres. Poner en el horizonte el misterio supone una liberación de lo factible, es decir, de aquello que el ser humano puede hacer y que es siempre caduco y limitado, para abrirse a lo eterno. Una iglesia de activistas es necesariamente una iglesia estrecha con la estrechez y angostura propia de toda obra humana.

Esa liberación y amplitud de horizonte que da considerar a la Iglesia dentro de los misterios de Dios implica que ella –la Iglesia– está más allá de nuestras ideas y construcciones; en realidad, nos precede y sale a nuestro encuentro como una realidad que supera nuestras capacidades. Por eso la reforma no consiste en «hacerla de nuevo», en moldearla según nuestras ideas presentes, sino justamente en lo contrario. La reforma auténtica empieza por quitar aquello que sobra, prescindir de nuestras construcciones e ideas para que resplandezca la obra divina en toda su hermosura. La reforma auténtica empieza, por tanto, con la purificación. Una purificación que empieza por lo interior, por cada miembro de la Iglesia, y que debe llegar también a lo exterior, a las instituciones y formas que a lo largo de los siglos ha ido adquiriendo la Iglesia. Purificación para que pueda aflorar lo nuevo, lo que suscita el Espíritu Santo. Una novedad que significa siempre buscar más fielmente el seguimiento de Cristo. Por eso la auténtica reforma es siempre la de la santidad, la que parte de la purificación y renovación interior. La hacen los santos bajo la guía sabia del Espíritu.

RESUMEN 3

- Que la Iglesia es templo del Espíritu Santo significa que tiene al Espíritu como principio vital que la unifica y mantiene unida a Cristo. Pero también que la guía, sostiene y renueva en su caminar por la historia como fuente permanente de su santidad.

- El Espíritu Santo aparece como el autor de la comunión, que es comunión con Dios (dimensión vertical) y comunión con los demás fieles en Cristo (dimensión horizontal). Ambas dimensiones se reclaman mutuamente y, si hay una prioridad de la primera en cuanto que es la fuente y origen de la segunda, esta a su vez expresa y verifica la auténtica comunión con Dios.

- La comunión eclesial es un don divino, que se manifiesta en la unidad de los fieles dentro de la Iglesia. Tiene en la confesión la fe verdadera, la participación en la liturgia y la permanencia visible bajo el gobierno los sucesores de los apóstoles con el papa a la cabeza, sus vínculos fundamentales de unidad.

- El Espíritu Santo, que es en el origen de la Iglesia cofundador de la misma con Cristo, permanece siempre en la historia guiándola y enriqueciéndola con sus dones. Dones jerárquicos, la sucesión apostólica y cuanto pertenece a su estructura y dones carismáticos, órdenes religiosas, nuevos movimientos, etc., que continúan con la edificación de la Iglesia en cada momento de la historia.

- La santidad de la Iglesia, que afirmamos en el Credo, significa que ella ha sido purificada y llamada por Cristo a participar de la vida divina. La santidad, propia solo de Dios, es participada por la Iglesia por voluntad divina. Esa santidad es ya plena en el cielo, donde goza la Iglesia triunfante, y en camino para la Iglesia que peregrina en la tierra. La santidad de la Iglesia que peregrina se entrelaza con la fragilidad y el pecado de sus miembros que como caminantes necesitan todavía de purificación para llegar a plenitud.

- Precisamente, frente al pecado de los miembros de la Iglesia, el Espíritu Santo suscita la verdadera reforma de la Iglesia que es la santidad. Toda reforma, para ser verdadera, ha de comenzar por la purificación personal y comunitaria de los miembros. Poner el foco solo en las estructuras olvida que la santidad es, ante todo, personal y requiere de la correspondencia de la libertad.

Capítulo 3

DESCUBRIENDO EVERLAND

Misterio de comunión y misión

En los capítulos precedentes hemos tratado de dar respuesta a la cuestión acerca del origen de la Iglesia y de su naturaleza desde su relación fundamental con cada una de las personas de la Santísima Trinidad. Al hacerlo ha aparecido en diversos lugares la finalidad de la Iglesia y la forma en que esta existe en su caminar terreno por la historia y también en su estado triunfante en el cielo. Es el momento de retomar esto para añadir a las precedentes otra perspectiva más que nos ayude en nuestra aproximación al misterio de la Iglesia.

1. *The Unionmaker:* el instrumento definitivo
La Iglesia, Sacramento de comunión

Cuando hablamos del origen de la Iglesia apareció, precisamente al explicar el significado del término *ekklèsia*, la conciencia que ya la primitiva comunidad cristiana tenía de ser la convocación definitiva del pueblo de Dios. La Iglesia aparecía de este modo como la obra definitiva de Dios para congregar a la humanidad dispersa y alejada de Él a causa del pecado y llevarla a la unión con su Creador. La unión de los hombres con Dios y de los hombres entre sí aparece de esta manera como la finalidad para la que ha sido creada la Iglesia. Por otra parte, la perspectiva de la Iglesia como cuerpo y esposa de Cristo nos ayudó a entender mejor el significado de esta unión con Dios y de los hombres entre sí y su origen y naturaleza sacramental. Todo esto nos pone en camino para comprender la Iglesia desde la perspectiva de la sacramentalidad, tal como hizo el Concilio Vaticano II cuando afirmó solemnemente que «la Iglesia es en Cristo como un sacramento, o sea, signo e instrumento de la unión íntima con Dios y de la unidad de todo el género humano» (LG 1). ¿Qué quiere decir esto?

La primera clave para entenderlo bien es la referencia a Cristo. La Iglesia es «en Cristo» como un sacramento. Esto significa que la sacramentalidad de la Iglesia tiene en Cristo y en el Espíritu Santo su fuente permanente: solo en Cristo y por el Espíritu se puede hablar de la Iglesia como sacramento. Queda excluida así cualquier clase de autorreferencialidad; la sacramentalidad de la Iglesia remite siempre a las misiones del Hijo y del Espíritu.

La segunda clave para entender en qué sentido la Iglesia es un sacramento está en el «cómo» de la expresión «la Iglesia es en Cristo como un sacramento» porque manifiesta un uso analógico del término sacramento. Dicho de otro modo, se afirma que la Iglesia es sacramento por comparación con el septenario sacramental, que es el analogado principal de la categoría sacramento. Por eso hay que señalar que son los sacramentos, y en particular la Eucaristía, la fuente de donde brota de manera constante y permanente la sacramentalidad de la Iglesia. Esta afirmación es correlativa con la que se hizo antes respecto a Cristo y al Espíritu como fuente de la sacramentalidad de la Iglesia. Precisamente son los sacramentos el lugar privilegiado de la acción de Cristo y del Espíritu.

La tercera clave de comprensión está precisamente en recordar que los sacramentos son signos e instrumentos de gracia y que, por tanto, si la Iglesia es en Cristo como un sacramento, eso significa que es «signo e instrumento» de una gracia, en particular, «de la unión íntima con Dios y de la unidad de todo el género humano».

La Iglesia es entonces signo de la salvación realizada en Cristo que reconcilia a los hombres con Dios y entre sí y, a la vez, es instrumento para que dicha salvación sea permanentemente ofrecida a los hombres de todo tiempo y lugar. Esta consideración de la Iglesia como signo e instrumento pone en primer plano su carácter profético y misionero: la Iglesia señala y anticipa lo que plenamente gozaremos en el cielo y, al mismo tiempo, es el medio objetivo del que Dios se sirve para ofrecer esa salvación a la humanidad.

De la consideración de la Iglesia como signo e instrumento de unión de los hombres con Dios y de los hombres entre sí se sigue inmediatamente que la existencia de la misma, tanto en la tierra mientras peregrina como en el cielo donde exulta triunfante, tiene la forma de comunión, comunión con Dios y comunión entre los hombres en Dios. De hecho, este ha sido el devenir de la teología posterior al Concilio Vaticano II que se ha centrado en la *communio* como concepto clave para pensar en la Iglesia. No podemos detenernos en las luces y sombras de esta perspectiva, tan solo señalar que la consideración de la Iglesia como comunión no puede realizarse de manera unilateral y separada. Más bien debe abordarse en relación a las nociones ya tratadas de pueblo de Dios, cuerpo y esposa de Cristo y templo del Espíritu Santo, solo así se logrará un desarrollo equilibrado.

2. Una para todos
La unidad y universalidad de la Iglesia

Por su propia naturaleza de ser signo e instrumento de unidad con Dios y de los hombres entre sí, la Iglesia solo puede ser una. Lo proclamamos en el Credo como la primera de las cuatro notas que la definen: «creo en la Iglesia que es una, santa, católica y apostólica». De las otras notas, dos ya fueron tratadas en su lugar correspondiente, me refiero a la santidad y a la apostolicidad de la Iglesia. Ahora en este apartado abordaremos las otras dos: unidad y catolicidad.

La unidad de la Iglesia tiene su origen en la unidad de Dios, de quien procede y por quien ha sido hecha, y es fruto y don del Espíritu Santo, tal y como señaló el Concilio Vaticano II: «El Espíritu Santo que habita en los creyentes y llena y gobierna a toda la Iglesia, realiza esa admirable comunión de fieles y une a todos en Cristo tan íntimamente que es el Principio de la unidad de la Iglesia» (*Unitatis redintegratio*, 2). Pero la unidad de Dios no es solamente el principio y el fundamento de la unidad eclesial, sino que determina también la forma en que se da tal unidad. Lo mismo que la unidad de Dios es comunión de Personas divinas, la unidad de la Iglesia tiene también la forma de comunión de personas. En la Iglesia peregrina, esta unidad se manifiesta visiblemente por medio, sobre todo, de tres vínculos fundamentales: la profesión de la fe verdadera; la celebración de la liturgia; y la unión bajo el gobierno de los sucesores de los apóstoles con el papa a la cabeza.

La última consideración que hemos hecho nos permite identificar un riesgo en la comprensión de esta unidad, riesgo que ya ha sido mencionado anteriormente. Se trata, más bien, de dos posturas que, en definitiva, no aciertan a integrar el aspecto visible y el invisible de la Iglesia. Por una parte, comprender la unidad como una mera comunión interior y no verificable externamente de manera alguna. De este modo se encierra la fe y la comunión en el ámbito subjetivo sin vínculo alguno con la existencia real y terrena de los fieles; se vacían así de significado para la fe los actos y vivencias del sujeto. Por otra, cabe el error de entender la unidad como pertenencia meramente exterior visible, algo hacia lo que se deslizó la teología católica como reacción a la crisis protestante. Alcanzó fama en este sentido una frase de san Roberto Belarmino al respecto: «La Iglesia es tan visible y palpable como la asamblea del pueblo romano, el Reino de Francia o la República de Venecia».

Relacionado con lo anterior, otro riesgo al pensar la unidad es confundirla con uniformidad de expresiones, ritos, tradiciones o prácticas. Conviene recordar aquí que la unidad de la Iglesia es también católica, otra de las cuatro notas de la Iglesia en el Credo. Esto significa que es universal –tal es el sentido del término griego *katholikós*–. Una única Iglesia para todos los hombres de todo tiempo y lugar. Nada hay que no le incumba, nada que sea ajeno a ella. La unidad católica, que es comunión con Dios y con los demás bautizados, no uniformiza ni disuelve lo particular, sino que de la diversidad de miembros se articula una unidad en la que cabe la pluralidad de formas.

Bien, hasta ahora hemos hablado de la unidad de la Iglesia, de su principio y naturaleza y de algunos riesgos frecuentes al tratar de comprenderla. Pero todo ello ha de confrontarse con lo que de hecho tenemos al alcance de nuestra experiencia. Y lo que vemos, tanto en el presente como a lo largo de la historia, es una multitud de iglesias y confesiones cristianas separadas y con frecuencia enfrentadas entre sí. Si decimos que la Iglesia de Cristo solo existe en la historia de manera concreta como comunión de personas con Dios y entre sí, ¿dónde queda la unidad ante este panorama? Más aún teniendo en cuenta la promesa de Cristo de que su Iglesia permanecería indefectible a lo largo de la historia. Tratemos de abordar la cuestión con calma.

2.1. Hilando fino
La Iglesia de Cristo subsiste en la Iglesia católica

La teología católica tradicionalmente ha identificado la única Iglesia de Cristo con la Iglesia católica romana, así aparece con toda claridad, por ejemplo, en la encíclica *Mystici Corporis*. El Vaticano II, tan solo veinte años después de esta encíclica, abordará la cuestión de modo diferente al afirmar: «Esta es la única Iglesia de Cristo, que en el Símbolo confesamos como una, santa, católica y apostólica, y que nuestro Salvador, después de su resurrección, encomendó a Pedro para que la apacentara (cfr. *Jn* 21, 17), confiándole a él y a los demás Apóstoles su difusión y gobierno (cfr. *Mt* 28, 18 ss) y la erigió perpetuamente como columna y fundamento de la verdad (cfr. *1 Tm*

3, 15). Esta Iglesia, establecida y organizada en este mundo como una sociedad, subsiste en la Iglesia católica, gobernada por el sucesor de Pedro y por los Obispos en comunión con él, si bien fuera de su estructura se encuentren muchos elementos de santidad y verdad que, como bienes propios de la Iglesia de Cristo, impelen hacia la unidad católica» (LG 8).

Al decir que la Iglesia de Cristo «subsiste en» la Iglesia católica en lugar de usar la mera identificación «es», *Lumen Gentium* está ofreciéndonos una luz importantísima para esta cuestión. Vamos a tratar de explicarlo valiéndonos del desarrollo que acerca del tema ofreció el documento de la Congregación para la Doctrina de la Fe *Dominus Iesus*. En primer lugar, la Iglesia de Cristo existe históricamente y de modo pleno en la Iglesia católica. Esta es una afirmación fundamental que ha de mantenerse a pesar de las divisiones entre los cristianos y a pesar de los pecados de sus miembros. En segundo lugar, se reconoce una presencia imperfecta de la Iglesia de Cristo fuera de la Iglesia católica en función de lo que llama elementos de santidad y verdad, que son los sacramentos y la sucesión apostólica. En este sentido hay una gradación en función de los elementos que se posean. Por eso «las Iglesias que no están en perfecta comunión con la Iglesia católica, pero se mantienen unidas a ella por medio de vínculos estrechísimos como la sucesión apostólica y la Eucaristía válidamente consagrada, son verdaderas iglesias particulares. Por eso, también en estas iglesias está presente y operante la Iglesia de Cristo, si bien falte la plena comunión con la Iglesia católica al rehusar la doctrina católica del primado, que por voluntad de Dios posee y ejercita objetivamente sobre toda la Iglesia el Obispo de Roma» (DI 17). Este es el caso de las iglesias ortodoxas, por ejemplo. Otra situación es la de aquellas «comunidades eclesiales que no han conservado el Episcopado válido y la genuina e íntegra sustancia del misterio eucarístico, no son Iglesia en sentido propio; sin embargo, los bautizados en estas comunidades, por el Bautismo han sido incorporados a Cristo y, por lo tanto, están en una cierta comunión, si bien imperfecta, con la Iglesia» (DI 17). Las comunidades nacidas de la revuelta protestante estarían en este segundo apartado.

Como siempre, no tenemos más remedio que poner la venda antes de la herida y advertir de algunos errores en la comprensión de lo que venimos diciendo. No puede entenderse la Iglesia de Cristo como la suma de las diferentes iglesias y comunidades extendidas por el mundo o una unidad superior a la de todas sus manifestaciones presentes. Tampoco puede admitirse que la auténtica Iglesia solo pueda darse en el cielo cuando sea culminada la historia humana de manera que, mientras dura esta, todas las comunidades e iglesias caminan en la búsqueda de esa Iglesia de Cristo y constituirían caminos equivalentes hacia la misma. Ambas posturas adolecen del mismo problema: parten de la consideración de que la Iglesia de Cristo en su unidad no subsiste en la historia; justamente niegan la primera afirmación fundamental del desarrollo de *Lumen Gentium*, 8.

De todo lo anterior podemos sacar algunas conclusiones interesantes. En primer lugar, para poder hablar de Iglesia, es necesaria la presencia de la sucesión apostólica y de la celebración de la Eucaristía. Sin Eucaristía –y para poder celebrarla es imprescindible el ministerio apostólico– no hay Iglesia. Si lo piensas, está en perfecta consonancia con lo que más arriba dijimos acerca de la relación entre Iglesia y Eucaristía. Por otra parte, el Bautismo aparece como ese bien fundamental e imprescindible para que haya una mínima presencia operante de la Iglesia de Cristo. El Bautismo es la puerta de entrada a la Iglesia, sin él nada de lo que viene después puede darse. Por eso en aquellos grupos donde ni siquiera hay Bautismo válido no puede reconocerse presencia eclesial alguna.

Por otra parte, en segundo lugar, es destacable el modo de entender los bienes de salvación que hay detrás de todo cuanto hemos afirmado. En realidad, lo que sostiene el desarrollo antes expuesto es la teología sacramental elaborada en respuesta a la crisis donatista siguiendo a san Agustín principalmente. Muy brevemente para que puedas hacerte una idea de la cuestión. Donato y sus seguidores negaban la validez del Bautismo, y de los demás sacramentos, celebrados por ministros indignos (piensa en herejes o en los que habían renegado de la fe durante la persecución). La respuesta de san Agustín fue en la línea de señalar que la eficacia de los sacramentos viene de Cristo, no del ministro. Por eso si el ministro hace lo que quiere la Iglesia al celebrar un sacramento conforme a lo dispuesto para su validez, entonces ese sacramento produce su efecto, no por la virtud del ministro, sino por el poder de Cristo. En fin, de esta pequeña excursión por la historia también puedes caer en la cuenta de cómo problemas y teólogos del pasado pueden ofrecer una luz extraordinaria en el presente.

2.2. En busca de la unidad perdida
Ecumenismo y unidad de la Iglesia

Ya hemos mencionado al comienzo de esta sección el escándalo que representa la división de los cristianos en diferentes iglesias y confesiones y la dificultad que plantea para la comprensión de lo que significa la unidad de la Iglesia y la promesa de su presencia indefectible a lo largo del tiempo. Ahora es el momento de abordar más directamente esta cuestión.

Precisemos el significado y naturaleza de lo que venimos llamando división de los cristianos. Lo primero de todo, hay que señalar que la ruptura es un mal fruto del pecado de los hombres. Parece obvio y quizá pienses que no sería necesario recordarlo. Pero no han faltado quienes propongan que la ruptura histórica de los cristianos habría sido, en el fondo, un bien –¡incluso atribuyéndolo al Espíritu Santo como don suyo!–. Un bien que habría supuesto la aparición de una diversidad de ramas dentro del cristianismo aportando cada una su riqueza. Nada más lejos de la realidad. La unidad es don divino, la división, divisa del enemigo, que no en vano recibe el nombre de «el que divide» –eso significa precisamente *diábolos* en griego–. La división, la ruptura, es siempre consecuencia del pecado de los hombres y de ningún modo puede ser don de Dios.

Determinado el origen y naturaleza de la división, hay que preguntarse cuál es la magnitud del daño que ha realizado a la unidad de la Iglesia. La unidad y unicidad de la Iglesia es un don divino que no puede perderse ni romperse, sino que subsiste en la Iglesia católica. Esto es una consecuencia inmediata de la afirmación de *Lumen Gentium* 8 de que la Iglesia de Cristo subsiste en la Iglesia católica. La división no destruye la unidad de la Iglesia pero oscurece su testimonio. Supone una herida porque es un obstáculo para la realización plena del testimonio de unidad en la historia. Un testimonio, no lo olvidemos, presentado por Cristo como condición para que el mundo crea en Él (cfr. *Jn* 17). Por eso, aunque no ha sido destruido por la división, el don de la unidad puede crecer a lo largo del tiempo en su manifestación. En este contexto podemos entender el crecimiento de la sensibilidad ecuménica, es decir, por la búsqueda de la unidad visible de los cristianos, como un don del Espíritu, para avanzar en la sanación de esas heridas y en el crecimiento del testimonio de unidad ante el mundo.

Este camino de unidad que llamamos ecumenismo encuentra su principal impulso en esos elementos de salvación y verdad, presentes en las diferentes iglesias y comunidades, que «como bienes propios de la Iglesia de Cristo, impelen hacia la unidad católica» (LG 8). La búsqueda de la unidad nace, por tanto, de la misma naturaleza de ser Iglesia o comunidad cristiana. Por eso, este camino no puede ser entendido sin más como una vuelta al redil de la Iglesia católica. Esta idea no tiene en cuenta la presencia de tales elementos de verdad y salvación en las demás tradiciones cristianas. Que el origen de la división esté en el pecado de los hombres no significa que, en el presente, quien vive en otra iglesia o comunidad diferente a la católica viva en un pecado. El pecado es siempre personal, también el de cisma o herejía. Quien ha nacido en una tradición o comunidad separada de la católica no es moralmente responsable de esa ruptura en modo alguno. Por otra parte, esos elementos de salvación y verdad han seguido operantes en esas iglesias y comunidades dando frutos diversos a los que no se debe renunciar. Lo que el Espíritu ha obrado en el corazón de los miembros de otras iglesias y comunidades cristianas puede también edificar a los católicos (cfr. *Unitatis redintegratio* 4).

El camino ecuménico requiere de la propia conversión personal, buscando responder con mayor fidelidad a la propia vocación y, análogamente, de una auténtica reforma de la Iglesia, reforma de la que ya hablamos anteriormente. La oración en común, pidiendo el don de la unidad, es el punto de partida adecuado para profundizar en el mutuo conocimiento y en el diálogo sincero y veraz. Diálogo que no consiste en buscar el mínimo común para llegar a un acuerdo, ni sigue las reglas del sistema democrático basado en acuerdos y en mayorías. Sino que se basa en la escucha todos juntos (sinodalmente) de la palabra de Dios y de lo que Dios ha ido realizando a lo largo del tiempo en las diferentes tradiciones. Por otra parte, la cooperación de cristianos de diversas confesiones en acciones y obras comunes constituye también un signo de esperanza para alcanzar visiblemente la unidad quebrada.

3. ¿Iglesia o iglesias?, ¿el huevo o la gallina?
La communio Ecclesiarum

Una de las consecuencias que ha traído la renovación eclesiólogica del Concilio Vaticano II ha sido la reaparición de las ideas de Iglesia particular y de comunión de Iglesias *(communio Ecclesiarum)*. La tradición latina había desarrollado en el segundo milenio una manera de entender a la Iglesia marcadamente universalista centrada sobre todo en la cuestión de la potestad. De hecho, las controversias eclesiológicas más relevantes sucedidas durante ese tiempo tienen que ver con quién es el sujeto de la suprema potestad de la Iglesia, así sucede con el conciliarismo, el galicanismo o el febronianismo. Ahora no podemos detenernos en ello, basta con dejarlo anotado, sobre alguna de estas cuestiones volveremos más adelante. El giro viene propiciado por la intención del Vaticano II de comprender a la Iglesia, tal como ya hemos explicado, como una realidad histórico-salvífica sacramental, es decir, ligada a la historia de salvación de Dios con los hombres en cuanto signo e instrumento de la unidad con él y de los hombres entre sí. Esto conduce necesariamente, tal y como también se ha dicho, a la consideración de la Iglesia como una realidad de comunión que solo existe en un lugar concreto y este es precisamente la Iglesia particular.

En realidad, lo que acabamos de decir encaja perfectamente con la experiencia común de cualquier fiel. El modo más frecuente en que la Iglesia sale a su encuentro es en la concreción de una parroquia que forma parte de una diócesis. La realidad de comunión que es la Iglesia se hace presente solamente a través de una comunidad concreta que vive históricamente en un lugar. Eso es justamente la Iglesia particular.

Encontramos la descripción de la Iglesia particular en el número 11 de *Christus Dominus*, el documento sobre los obispos del Concilio Vaticano II. En ese documento, como suele ser muy habitual, se habla de la diócesis, que es la estructura que mejor encarna una Iglesia particular. Es por eso el analogado principal al pensar en la Iglesia particular hasta el punto, como sucede en este documento, que se toma a veces como sinónimo. Vayamos entonces al contenido del texto mencionado, dice así: «La diócesis es una porción del Pueblo de Dios que se confía a un obispo para que la apaciente con la cooperación del presbiterio, de forma que unida a su pastor y reunida por él en el Espíritu Santo por el Evangelio y la Eucaristía, constituye una Iglesia particular, en la que verdaderamente está y obra la Iglesia de Cristo, que es una, santa, católica y apostólica». Procedamos paso a paso.

Porción del pueblo de Dios no debe ser entendido en el sentido de una parte del todo, como si fuera una fracción de la Iglesia universal. La Iglesia particular es una «porción» del pueblo de Dios en la que se da la presencia verdadera y plena de la única Iglesia de Cristo. ¿Y qué constituye a esa porción de pueblo de Dios en Iglesia particular? Porque hay grupos de ese pueblo que no son Iglesia particular, como puede ser una asociación de fieles o una orden religiosa. El texto nos ofrece las notas definitorias que hacen de dicha porción una Iglesia particular. En primer lugar, la Iglesia particular no surge desde sí misma, sino que es «reunida por él [obispo] en el Espíritu Santo». La Iglesia es siempre convocación de Dios, nunca es obra humana. Y la reúne «por el Evangelio y la Eucaristía». No hace falta repetir aquí lo dicho en apartados anteriores sobre el anuncio del Evangelio y la celebración de la Eucaristía en la edificación de la Iglesia. Precisamente en orden a garantizar el anuncio auténtico del Evangelio y la celebración de la Eucaristía encontramos la figura del obispo como pastor propio al que se encomienda la Iglesia particular. Aparece así el ministerio episcopal como un servicio a los fieles a los que congrega por medio del Evangelio y la Eucaristía. Por la presencia del obispo, la Iglesia particular toma conciencia de que no existe por sí misma, sino por la comunión apostólica. El obispo, para realizar su misión, cuenta con la colaboración de un presbiterio. A los presbíteros les son encomendadas agrupaciones de fieles como pastor propio en nombre del obispo. Estas agrupaciones, que tienen en la parroquia su analogado principal, manifiestan parcialmente la Iglesia universal y particular, pero de ningún modo constituyen ni se asimilan a una Iglesia particular pues no realizan la plenitud del misterio de comunión que es la Iglesia, como sí hacen aquellas. La relación obispo-Iglesia particular y obispo-presbiterio son buena expresión de la dimensión sinodal de la Iglesia universal.

A partir de esta noción de Iglesia particular el Concilio Vaticano II presenta a la Iglesia como comunión de Iglesias, sobre todo cuando trata del episcopado y de la misión. Al hacerlo, recoge la tradición oriental que había desarrollado durante siglos una eclesiología centrada en la Eucaristía y en la comunión. Fácilmente surgen algunas cuestiones que necesitan respuesta: ¿cómo se conjuga la universalidad de la Iglesia con lo que hemos dicho acerca de las Iglesias particulares? ¿Qué quiere decir eso de comunión de Iglesias?, ¿hay que entenderla acaso como una federación o asociación de entidades independientes y esencialmente distintas? Vayamos por partes.

La Iglesia es desde el principio y siempre universal –recuerda que la catolicidad es una de las cuatro notas de la Iglesia que aparecen en el Credo–. La realidad eclesial de Jerusalén en torno a los doce era ya la Iglesia universal, aunque lo era germinalmente pues el alcance de su universalidad todavía no se había desvelado en la historia. Esa única Iglesia de Cristo es la que se va expandiendo al ser plantada en nuevos lugares. Primeramente, fueron los apóstoles quienes fundaron comunidades en diversos sitios poniendo al frente de las mismas a los primeros obispos con sus presbíteros. Este hecho se encuentra ampliamente atestiguado en las cartas del Nuevo Testamento. Después sus sucesores fueron haciendo lo mismo alumbrando así nuevas Iglesias particulares. Y así hasta nuestros días.

¿Pero cuál es la relación entre Iglesia universal y particular? Porque vamos hablando de una y de otra y todavía no queda claro exactamente cuál es su vinculación. Para comprender esta relación hemos de buscar en el número 23 de *Lumen Gentium* donde se afirma que las «Iglesias particulares [están] formadas a imagen de la Iglesia universal, en las cuales y desde las cuales se constituye la Iglesia católica, una y única». Vamos a intentar desgranar el contenido de esta afirmación. Te advierto que no es una cuestión fácil. Nos adentramos en alta montaña. En las Iglesias particulares es «en las cuales» se encuentra presente y actuante la Iglesia universal. Es decir, las Iglesias particulares no son cosa diferente de la Iglesia universal, son ella misma existiendo –siendo realizada– en un lugar concreto. A la vez, la Iglesia universal solo existe a partir de las iglesias particulares, esto significa precisamente el «desde las cuales» del texto citado. Dicho de otro modo, no hay una Iglesia universal existiendo en otra parte o bajo otra forma que no sea la Iglesia particular.

Hay de este modo una reciprocidad que caracteriza la comunión de las Iglesias y la relación de universal y particular. Cada Iglesia particular es presencia de la realidad plena de la Iglesia universal y esta solo existe realizada concretamente en una iglesia particular. Esta relación descrita cierra el paso a cualquier concepción de la Iglesia universal como el sumatorio de Iglesias particulares a modo de una federación o asociación. Entre otras cosas, porque como se desprende de lo dicho, hay una prioridad ontológica y cronológica de la Iglesia universal sobre cada Iglesia particular. Tampoco permite entender la Iglesia particular de manera autosuficiente y cerrada en sí misma pues está siempre en relación con la universal.

Para terminar, conviene dejar constancia de que el mismo Vaticano II y la literatura teológica posterior ha usado el término de Iglesia particular de modo paralelo al término de Iglesia local. Aunque ha sido objeto de discusión, podemos tomarlas como expresiones sinónimas y así debes entenderlas cuando las encuentres en tus lecturas. Sin embargo, habrás observado que hemos preferido Iglesia particular sobre local. En esto seguimos la opinión de quienes, como A. Carrasco, piensan que tiene mayor densidad teológica al remitir a la recíproca presencia de universal-particular antes descrita.

4. 001 al servicio de la Comunión
El servicio de la comunión

La realidad de comunión con Dios y con los hombres entre sí que es la Iglesia ha de ser siempre edificada y renovada por el Espíritu Santo, tal y como vimos en su momento. Ahora queremos detenernos precisamente en aquellos medios de los que se sirve Dios para hacer esto. En *Lumen Gentium* número 4 se enumeran dos vías fundamentales por las que el Espíritu gobierna y edifica a la Iglesia: dones jerárquicos y dones carismáticos. En realidad, ya adelantamos al tratar de la Iglesia pueblo de Dios algo acerca de estos dones, cuando explicamos su constitución jerárquica y la vida religiosa. Ahora, sin perder de vista lo que se dijo entonces, abordaremos esta cuestión desde otra perspectiva, menos descriptiva, para comprender mejor el origen, sentido, finalidad y relación de ambos dones del Espíritu.

4.1. Doce hombres con piedad... y sus sucesores
El colegio episcopal y su cabeza, el papa

Al tratar de la Iglesia particular y de la comunión de las Iglesias surgió de manera natural la figura del obispo. Apareció entonces el ministerio episcopal como un servicio a la comunión que la garantiza y estructura. Intentemos ver cómo. Para ello hemos de volver también a la cuestión de la apostolicidad, que tratamos a propósito del origen de la Iglesia. Entonces afirmamos que la Iglesia es apostólica porque está cimentada sobre aquel primer grupo de los doce y porque permanece en la historia como comunidad de discípulos-apóstoles en torno a Cristo resucitado. De ese modo se puede reconocer la identidad original y permanente de la Iglesia. En esta identidad apostólica de la Iglesia se suelen distinguir dos aspectos fundamentales que la constituyen: la apostolicidad del Evangelio, o también de la doctrina, y la apostolicidad del ministerio. Con la primera hacemos referencia a la confesión de la verdadera fe y el anuncio de la misma. Con la segunda, al ministerio instituido por el mismo Cristo en los doce para que esa confesión de fe quede garantizada. Ambos elementos han de mantenerse unidos, tal es la postura católica. Las comunidades protestantes separan ambas dimensiones y niegan la apostolicidad del ministerio. Hacer esto es tanto como separar el testimonio del testigo que lo transmite. La consecuencia –ya perfectamente verificable en la historia– es que, pretendiendo quedarse solo con el Evangelio, se termina por no poder reconocerlo ni conservarlo. Pero ¿cómo permanece en la historia y se transmite esta apostolicidad tras la muerte de los apóstoles? ¿Lo que vino después de ellos, es ya otra cosa diferente?

La apostolicidad es comunicada y garantizada por la sucesión apostólica. El colegio de los doce tiene en el colegio episcopal a sus sucesores. Una larga cadena, una sucesión ininterrumpida de personas, conecta el colegio episcopal del presente con el originario colegio de los doce. Hemos de afinar algo más. ¿Qué significa esta sucesión? ¿Es semejante a la sucesión de los reyes o los presidentes de un club de fútbol? En estos casos el sucesor ocupa el puesto del anterior sin más vínculo con él que el haber llegado después. Es cuestión de tiempo que el vigésimo sucesor, por ejemplo, en realidad tenga ya poca vinculación con el primero. ¿Será así la sucesión apostólica? Como puedes imaginar, no es, en absoluto, de este modo. Los doce son el fundamento, el cimiento. Sobre su testimonio y ministerio se edifica siempre todo lo demás en el presente. Y este ser cimiento no se transmite a sus sucesores porque ellos permanecen como tales por toda la historia. Esto se aprecia fácilmente respecto a la doctrina: el testimonio apostólico, consignado por escrito en el Nuevo Testamento, tiene valor normativo, se convierte en la regla de la fe con la que se ha de medir el testimonio de cada generación de cristianos. Pero este hecho también se da respecto al ministerio. Lo que se transmite y conserva es el ministerio mismo de los apóstoles, recibido del mismo Cristo, y que ahora es ejercido a través de los obispos, que son, por la sucesión apostólica, incorporados a un único grupo apostólico. Los sucesores quedan vinculados de este modo, no ya con el inmediato predecesor, sino de manera permanente con el mismo cimiento apostólico. Vista la sucesión apostólica como garantía de la apostolicidad de la Iglesia y la perpetuación en ella del ministerio, tratemos de describir, al menos someramente, los rasgos del episcopado y del colegio episcopal.

Si la recuperación de la perspectiva sacramental-eucarística de la Iglesia llevó al redescubrimiento de la idea de Iglesia particular y de comunión de Iglesias, esto a su vez condujo al replanteamiento acerca del modo de comprender el episcopado. La tradición latina había desarrollado desde la Edad Media una teología del sacerdocio centrada únicamente en la celebración eucarística, algo acentuado todavía más a raíz de la revuelta protestante y del Concilio de Trento. A grandes rasgos, la diferencia entre el obispo y el presbítero se situaba en el plano de la jurisdicción (nos basta entenderla aquí como la extensión y el ámbito de ejercicio de la potestad) y no del sacramento, pues ambos consagran la Eucaristía igualmente (esto sería objeto de algún matiz que no podemos ahora ofrecer). El episcopado sería entonces como algo que se añade al sacerdote a modo de dignidad y de potestad sobre la Iglesia. El Concilio Vaticano II, por las razones antes expuestas, al tratar del episcopado da un giro y plantea la reflexión sobre el mismo desde la perspectiva sacramental. «En la consagración episcopal se confiere la plenitud del sacramento del orden, llamada, en la práctica litúrgica de la Iglesia y en la enseñanza de los Santos Padres, sumo sacerdocio, cumbre del ministerio sagrado» (LG 21). El episcopado se define así, como la plenitud del sacramento del orden y es ahora el punto de partida para la reflexión acerca del mismo. La enseñanza acerca de la sacramentalidad del episcopado es una de las aportaciones más importantes del Concilio Vaticano II.

La ordenación episcopal confiere al obispo la plenitud del orden para ser el pastor propio de la porción del pueblo de Dios que se le encomienda. Pero, además, la ordenación tiene otro efecto fundamental: insertarlo en el colegio episcopal. La pertenencia al colegio episcopal se funda, por tanto, en la ordenación sacramental, pero también en la comunión con la cabeza del colegio, que es el papa, y con los demás miembros del mismo, el resto de obispos (cfr. LG 22). Por eso el ministerio episcopal tiene una esencial forma colegial que excluye cualquier modo individualista de entenderlo. La pertenencia al colegio episcopal hace partícipe a cada obispo de la solicitud por la Iglesia universal y no solo por la particular que preside. De este modo encontramos una cierta correlación con la relación entre Iglesia particular e Iglesia universal anteriormente descrita.

En el colegio episcopal encontramos un miembro singular que es su cabeza, el papa. Su oficio es esencial para la colegialidad. El papa es miembro del colegio, pero no es un miembro más. Sin él no hay colegio. Solo hay colegio episcopal si está presidido por él. Por eso, al señalar los elementos que incluyen a un obispo en el colegio, hemos de enumerar la ordenación, la comunión con los demás miembros y la comunión con el papa, cabeza del colegio. Solo unido a su cabeza, el colegio episcopal es sujeto de la suprema potestad de la Iglesia, como señala *Lumen Gentiun* en su número 22.

La consideración del episcopado como plenitud del orden y su lugar en el centro de la reflexión de este sacramento, lleva también a una manera nueva de pensar el ministerio de los presbíteros, que son entendidos ahora como colaboradores necesarios de los obispos en su ministerio pastoral. El presbítero participa también del único sacerdocio de Cristo en virtud de la ordenación presbiteral. Pero lo hace de manera diferente, en un grado subordinado al del obispo: participan como colaboradores suyos. De esta manera las relaciones entre el obispo y sus presbíteros se encuadran en el terreno sacramental antes que el jurídico o cualquier otro. Obispo y presbiterio están unidos sacramentalmente en virtud de lo que acabamos de decir. Queda todavía profundizar en el contenido del ministerio episcopal, cosa que haremos seguidamente.

Misión imposible III
La triple misión de enseñar, santificar y gobernar

«La consagración episcopal, junto con el oficio de santificar, confiere también los oficios de enseñar y de regir» (LG 22). Así expresa *Lumen Gentium* el contenido del ministerio del obispo, y también de manera participada del presbítero. Un triple oficio: enseñar, santificar y gobernar. Un oficio al que acompaña una potestad para poder ser ejercido, potestad que el Vaticano II vincula decididamente a la ordenación sacramental. De hecho, el término elegido para hablar de ella suele ser potestad sagrada *(potestas sacra)*, que manifiesta perfectamente lo que acabamos de señalar. No podemos entrar aquí en la cuestión acerca de la potestad, excede con creces el propósito de este volumen. Pero sí conviene anotar que, al proceder de este modo, el Vaticano II quiere superar algunas concepciones de la potestad en la Iglesia excesivamente juridicistas que habían comprendido la distinción clásica entre el orden y la jurisdicción como potestades separadas con orígenes diversos. Con el término de potestad sagrada se pretende vincular más claramente la potestad en la Iglesia a la potestad misma de Cristo comunicada a los apóstoles y, por estos últimos, a los obispos como sus sucesores. Esto permite entender mejor la autoridad en la vida de la Iglesia, alejando concepciones de corte más sociológico o político ajenas a la naturaleza de la misma. Pero intentemos profundizar en este triple oficio propio del ministerio episcopal.

Es misión propia del obispo la de anunciar el Evangelio con la autoridad recibida de Cristo: «Porque los Obispos son los pregoneros de la fe que ganan nuevos discípulos para Cristo y son los maestros auténticos, o sea, los que están dotados de la autoridad de Cristo, que predican al pueblo que les ha sido encomendado la fe que ha de ser creída y ha de ser aplicada a la vida, y la ilustran bajo la luz del Espíritu Santo, extrayendo del tesoro de la Revelación cosas nuevas y viejas (cfr. *Mt* 13, 52), la hacen fructificar y con vigilancia apartan de su grey los errores que la amenazan» (LG 25). Este oficio de enseñar la fe verdadera ha de ser ejercido siempre en comunión con el romano pontífice. No olvidemos la colegialidad esencial del ministerio episcopal. La comunión con el papa es la garantía necesaria para el ejercicio auténtico de la potestad de enseñar. El obispo ejerce este oficio cuando predica, escribe cartas a sus diocesanos o imparte catequesis.

La misión de santificar es realizada fundamentalmente mediante la celebración de los sacramentos, particularmente de la Eucaristía «que él mismo celebra o procura que sea celebrada, y mediante la cual la Iglesia vive y crece continuamente» (LG 26). El obispo es en su diócesis custodio de la liturgia que ofrece al pueblo de Dios la salvación. Él debe procurar que la celebración de los misterios sagrados, en particular de la Eucaristía, se haga conforme a lo establecido por la Iglesia en beneficio de los fieles. Para ello se sirve de sus colaboradores, los presbíteros, que presiden la Eucaristía allí donde son enviados. También ejerce este oficio mediante disposiciones y normas litúrgicas para acomodar la celebración, dentro de lo previsto, al carácter propio de sus fieles.

Por último, «los Obispos rigen, como vicarios y legados de Cristo, las Iglesias particulares que les han sido encomendadas, con sus consejos, con sus exhortaciones, con sus ejemplos, pero también con su autoridad y sacra potestad, de la que usan únicamente para edificar a su grey en la verdad y en la santidad, teniendo en cuenta que el que es mayor ha de hacerse como el menor, y el que ocupa el primer puesto, como el servidor (cfr. *Lc* 22, 26-27)» (LG 27). Al describir el oficio de gobernar del obispo, el texto que acabamos de citar nos ofrece algunas características que conviene destacar. Primeramente, la potestad de los obispos viene de Cristo, son vicarios de Cristo en sus Iglesias particulares. No reciben, por tanto, la potestad del papa, aunque sea este quien los nombre para su diócesis, ni son legados suyos o vicarios. Por otra parte, el sentido de la potestad es edificar, no puede usarse para otro propósito diferente. Por último, aunque la potestad que posee no depende de su santidad personal para su ejercicio, el obispo debe recordar que también con su ejemplo edifica a los fieles, como recoge no solo el texto citado, sino también muchos otros pasajes semejantes.

El rey pescador
El primado del obispo de Roma y su servicio a la fe y a la unidad

Dentro del colegio episcopal ha aparecido ya el lugar singular del sucesor de Pedro. Ahora vamos a tratar más detenidamente del primado del obispo de Roma y de su ministerio en favor de la Iglesia universal.

La posición de Pedro dentro de los doce aparece atestiguada a lo largo del Nuevo Testamento en multitud de pasajes. Sin ánimo de exhaustividad mencionemos solo algunos de los testimonios que podemos encontrar al respecto. Cuando se enumera a los doce, aparece siempre nombrado en primer lugar (cfr. *Mc* 3, 13-19. En las referencias no pondremos los paralelos para evitar hacer más tedioso el texto). Acompaña al Señor en momentos muy significativos siendo testigo privilegiado de ellos, por ejemplo, en la resurrección de la hija de Jairo (cfr. *Lc* 8, 40-56), la transfiguración (cfr. *Mc* 9, 2-10) o la oración en Getsemaní (cfr. *Mt* 26, 36). También se erige en portavoz del grupo de los discípulos en repetidas ocasiones, como en Cesarea de Filipo cuando el Señor les interroga acerca de su identidad (cfr. *Mt* 16, 13-20), o cuando pregunta al Maestro acerca de lo que espera a cuantos han dejado todo para seguirle (cfr. *Mc* 10, 17-29). Pedro es al primero de los doce a quien se aparece el Señor (cfr. *Lc* 24, 34) y también quien toma la iniciativa en la elección del que ha de ocupar el lugar de Judas, el traidor (cfr. *Hch* 1, 15-26). Pedro ocupa también ese lugar destacado a lo largo de los Hechos de los Apóstoles y también san Pablo lo reconoce como autoridad y cuya comunión es esencial para su misión, por ejemplo, en su carta a los Gálatas cuando explica que subió a Jerusalén a ver a Pedro (cfr. *Ga* 1, 18). Y este es un dato fundamental: de lo que aparece en los Hechos de los Apóstoles y en las cartas de san Pablo se desprende que la comunión con Pedro es garantía de estar unidos a Cristo.

Pero hay dos pasajes especialmente significativos que merecen una atención aparte. El primero de ellos es la confesión de fe de Pedro y recíprocamente la declaración de Jesús de que él es la roca sobre la que edificará la Iglesia en *Mt* 16, 13-28. Del diálogo narrado por el evangelista se desprende que la misión que recibe Pedro está en relación con su confesión de fe en Jesús como el «Cristo, el Hijo de Dios», algo que, como el mismo Jesús se encarga de poner de manifiesto, no es fruto de la sabiduría o inteligencia de Pedro, sino de la revelación del Padre celeste. Aquí tenemos un primer dato fundamental: la misión de Pedro se fundamenta no en sus fuerzas y capacidades, sino en una revelación del Padre y en un mandato de Cristo. Por eso ha de ser sostenido por la oración del Señor (cfr. *Lc* 22, 31-34) y purificado junto al resto de los discípulos (cfr. *Jn* 13, 1-20). Porque «el que por don de Dios puede ser sólida roca, es por sí mismo una piedra en el camino, que puede hacer tropezar» (J. Ratzinger, *La Iglesia. Una comunidad siempre en camino*, p. 56). Eso es precisamente lo que sucede cuando «piensa como los hombres» ante la revelación que hace Jesús de su pasión y le cuesta la reprensión dura del Maestro: «¡Ponte detrás de mí, Satanás!».

El segundo pasaje es el de la aparición en el lago de Galilea narrada en el capítulo 21 de san Juan. Pedro, que negó tres veces, ha de confesar su amor a Cristo también tres veces y ser restaurado por el Señor en su misión al encomendarle –también tres veces– que apaciente su rebaño. También aquí la misión que Jesús encomienda a Pedro presupone la confesión de fe, como adhesión y amor a la persona de Jesús, hecha posible por la iniciativa del Resucitado que con misericordia perdona y restaura de sus negaciones al traidor. El Buen Pastor, cuya misión se identifica con el amor y la entrega de la vida por sus ovejas, no podía encomendar su rebaño a Pedro sin esta confesión previa de su amor. Y la misión de pastorear el rebaño, una vez se ha recuperado de su caída, consiste para Pedro en «confirmar a sus hermanos» (cfr. *Lc* 22, 32). Si el primado de Pedro tiene en su origen la fe, esa revelación del Padre, también consiste en un servicio a la fe. Pedro es roca que confirma en la fe verdadera y es fundamento visible de la unidad. En esto consiste el núcleo de su ministerio.

Más allá del testimonio neotestamentario que acabamos de analizar, no podemos detenernos en dar detalles sobre cómo acontece en los primeros siglos la sucesión del primado, la evolución de la conciencia acerca del mismo por parte de las diversas comunidades cristianas y su ejercicio. Nos conformaremos con decir que desde muy antiguo encontramos, por una parte, la lista de los sucesores de Pedro en Roma; por otra, testimonios antiquísimos del ejercicio de la autoridad petrina, como la carta de Clemente a los corintios. Tampoco cabe entretenerse en la evolución medieval y las primeras elaboraciones teológicas acerca de la cuestión. Hemos de ir directamente a perfilar el contenido y naturaleza del primado del sucesor de Pedro a la luz del último magisterio acerca del mismo.

La naturaleza y extensión del primado del papa fue definida por el Concilio Vaticano I en su constitución *Pastor aeternus*. En ella se presenta como un poder de jurisdicción «episcopal», es decir, del mismo género y especie que la de los obispos; una jurisdicción que comprende toda la vida pastoral y que es «ordinaria», esto significa que la posee en virtud de su oficio. Es también «inmediata», es decir, puede ejercerla en todo momento y sobre todo fiel, incluidos los pastores de la Iglesia. Finalmente, es «plena y suprema», lo cual significa que no está limitada por nada ni nadie. Los términos entrecomillados son las notas esenciales que caracterizan la definición conciliar. Aunque la visión que domina el Vaticano I es la del papa como pastor supremo de la Iglesia universal, un rebaño bajo un pastor supremo, sin embargo, de ninguna manera puede llevar a pensar la Iglesia como una gran diócesis en la que los demás obispos fueran legados o vicarios del papa. De hecho, en la misma *Pastor aeternus* se afirma que los obispos son verdaderos y auténticos pastores propios de sus diócesis con un ministerio y potestad propios, no delegados. Más todavía, se afirma que la potestad episcopal no se ve debilitada por la dependencia radical de todo obispo con el papa, sino que tal dependencia la afirma, apoya y defiende. Sin embargo, el Vaticano I no irá más allá del enunciado, sin ofrecer desarrollo alguno acerca de ello. La relación entre episcopado y papado sí será abordada extensamente por el Concilio Vaticano II que ofrecerá la explicación de las afirmaciones anteriores sobre cómo la potestad del papa no debilita, sino que fortalece la de los obispos. La consideración sacramental de la ordenación episcopal y la inserción que realiza del obispo en el colegio episcopal presidido por el papa son las claves que permiten entenderlo.

Una exposición acerca del ministerio petrino quedaría incompleta sin tomar en consideración la enseñaza acerca de la infalibilidad papal ofrecida por el mismo Vaticano I. Dejando a un lado la multitud de cuestiones históricas y teológicas que precedieron y acompañaron la formación de esta doctrina, no porque no sean relevantes, sino por cuestión de limitación de este manualito, trataremos únicamente de presentar su contenido y su sentido. *Pastor aeternus* declara la infalibilidad, es decir, la preservación de error, del romano pontífice cuando este ejerce su ministerio de maestro de la fe bajo determinadas condiciones. La primera de estas condiciones es que se trate de una enseñanza *ex cathedra*, es decir, con la intención de definir una doctrina como definitiva. Esto significa que quedan excluidas de la infalibilidad otras enseñanzas, por ejemplo, el magisterio ordinario o las meras opiniones del papa acerca de cualquier asunto. La segunda, que el contenido de la doctrina definida es la «fe y las costumbres». Esto significa que la infalibilidad queda limitada a la fe y la moral. Por ejemplo, en materia de economía o matemáticas, como es obvio, el sucesor de Pedro no tiene asistencia alguna para ser preservado de error y cuanto pretenda enseñar sobre eso gozará solo de la autoridad que se desprenda de su conocimiento sobre la materia. Vistas las condiciones y el sujeto, ¿qué decir de la infalibilidad? El Vaticano I afirma que se trata de una asistencia del Espíritu Santo, no de una revelación. Por tanto, esa asistencia no libera al romano pontífice de la obligación y necesidad de poner los medios humanos para buscar la verdad, ni dota a su enseñanza de profundidad teológica, tan solo la libra del error en las condiciones antes descritas.

Con frecuencia, el tema de la infalibilidad del romano pontífice se aborda de manera dialéctica en oposición con el resto de la Iglesia, los obispos o el depósito de la fe. Hacer esto es no comprender en absoluto la naturaleza y el propósito de esta asistencia del Espíritu. La enseñanza del Vaticano II sobre la colegialidad episcopal ha contribuido a arrojar luz a la cuestión. La infalibilidad del papa, tal como quedó formulada en el Vaticano I, no separa al papa del resto de la Iglesia, sino más bien al contrario: lo que se afirma es que, por asistencia del Espíritu Santo, su magisterio *ex cathedra* acerca de la «fe y las costumbres» será fiel a la verdad revelada y, por lo tanto, permanecerá unido al depósito de la fe.

En resumen, el ministerio petrino aparece como un servicio a la fe y a la unidad de la Iglesia que tiene precisamente en la fe y en una particular asistencia del Espíritu, su fundamento. Esto es lo propio del sucesor de Pedro. A lo algo de la historia se han ido agregando o perdiendo otras funciones y prerrogativas. Todo eso puede cambiar. No siempre ha sido el papa quien nombrase los obispos, ni tampoco se ha articulado siempre la dependencia de los obispos respecto al papa como se hace en la actualidad. Tampoco en otras épocas el papa ha viajado o ha dialogado con la cultura o los poderes de su tiempo como lo hace ahora. También ha habido papas de enorme sabiduría teológica y otros que llegaban a lo justito. Nada de esto es relevante, se trata de cosas secundarias que no pertenecen a lo que es propio del oficio del romano pontífice. Confirmar la fe y ser fundamento de unidad, ese es su oficio. Estar unido al papa significa sobre todo confesar la fe verdadera con él y permanecer visiblemente bajo su gobierno.

A todo riesgo
Indefectibilidad e infalibilidad de la Iglesia

Tú eres Pedro, y sobre esta piedra edificaré mi Iglesia, y el poder del infierno no la derrotará (Mt 16, 17). Esta es la formulación más clara y directa de la promesa que hace Cristo a su Iglesia acerca de su prevalencia sobre el pecado y el mal. Sobre esta promesa del Señor, alentada también por aquella de estar siempre con sus discípulos, la Iglesia ha desarrollado la conciencia de su propia indefectibilidad, algo que ya ha salido en nuestro manual en alguna ocasión. Esta indefectibilidad significa que la Iglesia permanecerá siempre, hasta el final de los días, como fiel esposa de Cristo ofreciendo la comunión con él a todos los hombres. Y lo hará, no por su propia virtud, sino apoyada en la gracia de su Señor que nunca ha de faltarle. Tratemos de comprender algo mejor el significado de cuanto venimos diciendo.

La indefectibilidad no significa una garantía de triunfo humano o temporal. Tampoco la exclusión de la vida de la Iglesia de grandes pruebas y graves contradicciones. En este sentido, desde el punto de vista teológico conviene recordar cuanto el libro del *Apocalipsis* señala como constante para la vida de la Iglesia en su caminar por la historia (Si no te suena demasiado a lo que nos referimos, quizá solo la mención del libro y lo que en la imaginería popular se le asocia acerca de persecuciones, luchas y sufrimientos baste para que te hagas idea). Pero también la misma historia de la Iglesia, y su situación en el presente, nos llevan fácilmente a comprender este hecho.

Por otro lado, la indefectibilidad de la Iglesia no garantiza la pervivencia de todas sus manifestaciones, estructuras temporales y formas adquiridas a lo largo del tiempo. Garantiza que la Iglesia, realidad de comunión de los hombres con Dios y de los hombres entre sí, bajo la autoridad del papa y los obispos permanecerá fiel a Cristo hasta el final. Lo hará siendo multitud o un pequeño rebaño, celebrando la fe en grandes y hermosas basílicas o en nuevas catacumbas bajo las ruinas de aquellas.

La indefectibilidad afecta, por tanto, a lo permanente y esencial de la Iglesia y se manifiesta de modo particular en su infalibilidad cuando profesa y anuncia la fe. La Iglesia toda, cuando confiesa la fe, no puede errar. Esta infalibilidad al creer recibe el nombre de *sensus fidei* (o *sensus fidelium* más precisamente). Sobre este sentido sobrenatural de la fe puedes encontrar una exposición más detallada en el manual de teología fundamental de esta misma colección. Además, la Iglesia es también infalible al enseñar la fe por medio del magisterio del papa y el colegio episcopal. Acerca de la infalibilidad papal ya tratamos tan solo unas líneas más arriba. Conviene comprender que no es algo aislado, sino un don para la Iglesia en el contexto de la promesa de Cristo de librarla de error. Sobre los tipos de magisterio y cuáles son infalibles encontrarás nuevamente en el manual de teología fundamental un desarrollo oportuno.

4.2. La tormenta perfecta
Carismas, ministerios y comunión eclesial

Tras el largo apartado anterior en que hemos tratado acerca de los dones jerárquicos, llega el turno de que abordemos los dones carismáticos que suscita el Espíritu Santo para la edificación de la Iglesia. Su presencia no es accidental, sino que son del todo esenciales en la vida de la Iglesia. Por eso se dice que ambos, dones jerárquicos y dones carismáticos, son co-esenciales. No te asustes por la palabra, tan solo quiere significar que no pueden faltar a la Iglesia, porque son las dos vías fundamentales e imprescindibles por las que el Espíritu Santo la edifica. Sin su presencia no podríamos hablar de Iglesia.

Esta afirmación teológica acerca de la co-esencialidad de los dones carismáticos se encuentra además apoyada por dos constataciones históricas. En primer lugar, su aparición ya desde los inicios. Basta echar un vistazo a los *Hechos de los Apóstoles* o a las cartas de san Pablo para verificarlo. Y, en segundo lugar, su continuo florecimiento a lo largo de la historia bajo múltiples formas. El monacato, las corrientes renovadoras del mismo, las órdenes mendicantes, las diferentes sociedades de vida e institutos de vida consagrada, dedicadas a muy diversos fines, o los más recientes movimientos de carácter laical son una muestra de este ininterrumpido florecer de dones carismáticos que han enriquecido y enriquecen la vida de la Iglesia.

Si dispusiéramos del espacio para ello, sería conveniente que nos detuviésemos con calma en estudiar el significado de la palabra carisma y su uso en el Nuevo Testamento, como punto de partida para nuestra reflexión. Al no poder hacerlo, hemos de conformarnos con una noción rápida y algunas notas acerca de su significado en los textos neotestamentarios. La palabra carisma es la transcripción del término *chárisma*, que en griego significa don generoso. En el Nuevo Testamento se reserva para designar los dones divinos y es usado con mucha frecuencia por san Pablo en sus cartas, en ellas puedes comprobar lo que acabamos de señalar. Reconociendo que no hay en estos textos un uso unívoco del término, ni tampoco un desarrollo sistemático, sin embargo, sí podemos extraer de ellos algunas conclusiones importantes. La primera es que los dones del Espíritu aparecen con gran diversidad y distribuidos como bien le parece; a diferencia de las gracias esenciales para la salvación, como el don de la fe, la esperanza y la caridad, no son otorgados a todos. Su origen es claramente divino y revisten una pluralidad de formas y manifestaciones que son reflejo de la riqueza divina. En segundo lugar, estos carismas tan variados son dados para la edificación de la comunidad y tienen un orden marcado por la caridad. Y, tercero, estos dones aparecen complementariamente y en conexión armónica con el ministerio apostólico, como, por ejemplo, el que ejerce san Pablo. Estas tres afirmaciones tienen una validez permanente y constituyen un adecuado punto de partida para comprender los carismas y su relación con los dones jerárquicos. Se trata de una cuestión viva, objeto actualmente de estudio, en la que tan solo pretendemos ofrecer algunas indicaciones fundamentales.

En cuanto a la relación entre dones jerárquicos y carismáticos, el punto de partida que hemos de tener en cuenta es que están unidos por su origen divino. «El vínculo originario entre los dones jerárquicos, conferidos con la gracia sacramental del Orden, y los dones carismáticos, distribuidos libremente por el Espíritu Santo, tiene su raíz última en la relación entre el Logos divino encarnado y el Espíritu Santo, que es siempre Espíritu del Padre y del Hijo» (*Iuvenescit Ecclesia*, 11). De esta manera queda excluida de raíz cualquier oposición entre ambos que identifique una «Iglesia del espíritu», carismática, toda caridad, y otra «Iglesia institucional», jerárquica y terrena. Oponer carisma y jerarquía, dimensión invisible y visible ha sido y es una tentación presente con extraordinaria frecuencia en la vida de la Iglesia, tal como ya ha aparecido anteriormente. Por eso la pretensión de vivir un carisma al margen, separadamente y, más todavía, contra la estructura jerárquica de la Iglesia es un camino seguro para acabar fuera de la comunión de la Iglesia.

En segundo lugar, precisamente por esta unidad de origen, los dones carismáticos no actúan al margen ni como una economía de salvación diferente o alternativa a la ofrecida en los sacramentos. El mismo Espíritu que obra la salvación en las almas por los sacramentos, introduciendo y conservando a los fieles en la vida nueva de los hijos de Dios, es quien da sus dones como quiere, precisamente para ayudar al desarrollo de esa vida nueva recibida sacramentalmente. Por eso, en palabras de san Juan Pablo II, «los verdaderos carismas no pueden menos de tender al encuentro con Cristo en los sacramentos» (Discurso 30-5-1998).

Un último apunte acerca de esta íntima relación. Los dones carismáticos son siempre otorgados personalmente a un individuo. Pueden, sin embargo, ser compartidos por otros que, recibiendo el don divino correspondiente, participan del mismo. Es el caso, por ejemplo, de las órdenes religiosas o de los nuevos movimientos. Del carisma dado en origen al fundador participan cuantos siguen ese camino y se benefician del mismo para la edificación de su vida cristiana. En este caso es necesario que el carisma reciba un reconocimiento de la autoridad jerárquica que garantice su autenticidad y articule adecuadamente su desarrollo dentro de la comunión de la Iglesia. Es una tarea que corresponde a los obispos en sus diócesis y al romano pontífice respecto a la Iglesia universal como un servicio a la Iglesia y a la renovación de la misma que suscita el Espíritu con sus dones. Este reconocimiento requiere de tiempo para discernir y verificar el carisma más allá de los entusiasmos iniciales y los aparentes frutos del mismo, frutos que solo autentifica el paso del tiempo. En este punto cobra singular importancia la situación del papa en la Iglesia como legislador universal con la plenitud de la potestad. Como explicó brillantemente J. Ratzinger, esta posición es garantía de poder integrar en la Iglesia las novedades que suscita el Espíritu evitando que las formas jurídicas establecidas impidan la apertura de esos nuevos caminos. Queda conjurado de este modo el peligro de que la Iglesia quede esclerotizada y encorsetada en las formas históricas de un momento dado y se articula de manera concreta para que pueda seguir siendo guiada por el soplo del Espíritu. Por eso, no es de extrañar que a lo largo de los siglos haya sido el romano pontífice, dentro de la estructura de la Iglesia, el apoyo fundamental para estos movimientos.

Para concluir pueden servirnos estas palabras de la Congregación para la Doctrina de la Fe: «En resumen, la relación entre los dones carismáticos y la estructura sacramental eclesial confirma la co-esencialidad entre los dones jerárquicos –en sí mismos estables, permanentes e irrevocables– y los dones carismáticos. Aunque estos últimos, como tales, no sean garantizados para siempre en sus formas históricas, la dimensión carismática nunca puede faltar en la vida y misión de la Iglesia» (*Iuvenescit Ecclesia*, 13).

5. La balsa de la providencia

Unicidad de la salvación y unidad de la Iglesia: *Extra Ecclesiam nulla salus?*

La pretensión exclusiva y universal de Cristo respecto a su mediación salvadora, testimoniada fuera de toda duda en el Nuevo Testamento, se encuentra en el origen del desarrollo de la doctrina acerca de la necesidad de la Iglesia para la salvación. Un desarrollo comenzado por los primeros teólogos cristianos como Orígenes y san Cipriano, autor este último de la famosa frase: «no puede tener a Dios por padre quien no tenga a la Iglesia por madre» (*Sobre la unidad de la Iglesia*, 6). En san Cipriano, más que un argumento sobre la exclusividad de la salvación en la Iglesia, lo que encontramos es una exhortación viva a los fieles a permanecer dentro de la Iglesia y a defender su unidad de las divisiones. Serán san Jerónimo, san Agustín y sobre todo su discípulo san Fulgencio de Ruspe los que terminen de dar forma a esta doctrina que finalmente será asumida por el Concilio de Florencia ya en el Renacimiento. El contenido de la misma puede formularse mediante el axioma *extra Ecclesiam nulla salus*, que significa: fuera de la Iglesia no hay salvación. ¿Quiere esto decir que quien no pertenece visiblemente a la Iglesia no puede salvarse? ¿Puede ser hoy mantenida esta afirmación? Si prescindimos de ella, ¿hay que dejar atrás también esa pretensión exclusiva de Cristo, antes mencionada? Tratemos de arrojar algo de luz a estas preguntas.

En primer lugar, conviene profundizar en el sentido que esta doctrina tenía para aquellos que la elaboraron y su contexto. San Agustín, de cuya escuela proviene dicha doctrina tal cual la hemos formulado, desarrolló la idea de la *Ecclesia ab Abel* (Iglesia desde Abel) que afirma la existencia ya de la Iglesia desde el primer hombre, formada por los justos del Antiguo Testamento. De este modo el obispo de Hipona alumbra una forma de pertenecer a la Iglesia más allá de la pertenencia jurídica y visible. Este es un primer contrapunto necesario a tener en cuenta. Por otra parte, en esta elaboración tiene un peso extraordinario la imagen que tienen del mundo como netamente cristiano. Por eso tienen la impresión de que todo el que quisiera ser cristiano podía serlo y solamente un endurecimiento culpable del corazón podía mantener fuera de la Iglesia. Por último, las proposiciones teológicas no deben ser tomadas aisladamente y separadas del resto, sino en conexión con el desarrollo histórico-dogmático de la exposición de la fe. En este sentido son muy significativas para lo que nos ocupa las reacciones antirrigoristas, como las que protagonizó el mismo Agustín contra los pelagianos. Estas observaciones permiten ya poner en contexto y matizar la fórmula que nos ocupa. Pero debemos avanzar y afrontar el sentido que pueda tener en nuestro tiempo.

La interpretación exclusivista de la fórmula *extra Ecclesiam nulla salus*, esto es, en términos de necesidad absoluta de una pertenencia visible a la Iglesia católica, ha de ser descartada. Así quedó establecido a propósito de lo que en la encíclica *Mystici Corporis* se afirma al respecto y la polémica subsiguiente zanjada por el Santo Oficio en los términos que acabamos de decir. El Vaticano II, en los números 14 a 17 de *Lumen Gentium,* aborda la cuestión de manera renovada. Primeramente, afirma la necesidad de la Iglesia peregrina para los católicos, de manera que «no podrían salvarse aquellos hombres que, conociendo que la Iglesia católica fue instituida por Dios a través de Jesucristo como necesaria, sin embargo, se negasen a entrar o a perseverar en ella» (LG 14). Después de tratar acerca de los catecúmenos, a los que siguiendo la doctrina tradicional considera unidos a la Iglesia por su deseo, y de los cristianos que no están en plena comunión con Roma a partir de la idea de los grados de comunión –ya explicada en su momento–, fija su mirada en los no cristianos. De ellos afirma que están ordenados al pueblo de Dios de diverso modo, conforme a las diferentes maneras en que Dios sale a su encuentro. Distingue dentro de ellos a cuatro grupos: los judíos; los musulmanes; los que, sin culpa, no conocen el Evangelio ni la Iglesia, pero buscan a Dios con corazón sincero y se esfuerzan en cumplir, con ayuda de la gracia, su voluntad conocida por medio de su conciencia; y, por último, aquellos que, sin culpa, no han llegado al conocimiento expreso de Dios, pero se esfuerzan en llevar una vida recta, también auxiliados por la gracia. La posibilidad de salvación y la ordenación a la Iglesia de los no cristianos aparece fundada en la voluntad universal de salvación. Una voluntad que se realiza en la única mediación de Cristo que en su cuerpo –que es la Iglesia– continúa presente y operante entre nosotros. También es muy significativo que, a las consideraciones antes descritas sobre los cuatro grupos en relación a la salvación y ordenación al pueblo de Dios de los no cristianos, siga en el número 17 una descripción exhortativa sobre la misión de la Iglesia de anunciar el Evangelio a todas las gentes.

De lo que hemos dicho podemos concluir que, acerca de la necesidad de la pertenencia a la Iglesia para la salvación, hay que distinguir entre dos sentidos. El primero de ellos es la necesidad de pertenencia a la Iglesia para aquellos que conocen el Evangelio y creen en Cristo. El segundo es la necesidad para la salvación de todos los que no conocen a Cristo del ministerio de la Iglesia que está, por voluntad divina, al servicio de la salvación de todo el género humano. Podemos finalizar con estas palabras de la Comisión Teológica Internacional que muestran el lugar en que queda entonces la fórmula teológica tradicional que venimos comentando: «Así se devuelve a la frase *extra Ecclesiam nulla salus* su sentido original, el de exhortar a la fidelidad a los miembros de la Iglesia. Integrada esta frase en la más general e*xtra Christum nulla salus*, ya no se encuentra en contradicción con la llamada de todos los hombres a la salvación» (*El cristianismo y las religiones*, 70).

6. Senderos de gloria
Comunión, testimonio y servicio

Es el momento de retomar la idea de la Iglesia como sacramento universal de salvación con que empezábamos este largo capítulo que ahora llega a término y poder, de este modo, recapitular. La consideración sacramental de la Iglesia, como signo e instrumento de la unión con Dios y de los hombres entre sí, pone en primer término el sentido peregrinante y misionero de la Iglesia que camina por la historia. Todo lo que hemos desarrollado acerca de ella en cuanto realidad de comunión se ordena, en la tierra, al desempeño de la misión que le ha sido encomendada por el mismo Cristo que la plantó en la historia de los hombres. Una misión que no es sobreañadida a su ser, sino que vive «en el mundo ante todo a través de la experiencia y del crecimiento de su propia comunión» (B. Forte, *La Iglesia de la Trinidad*, p. 343). En este caso, en el camino está ya la meta, aunque sea susceptible de crecimiento y profundización en ella.

La comunión vivida de la Iglesia es testimonio perenne del Señor para todos los hombres, de manera que estos puedan reconocerle y permanecer en unión con Él. La misión de la Iglesia se desarrolla siempre bajo la modalidad del testimonio. Testimonio de cada fiel, que con la propia existencia testimonia la vida nueva que ha recibido, y testimonio de toda comunidad de los redimidos. Merecería esta cuestión que nos detuviésemos más en ella, pero no es posible hacerlo. Baste considerar aquí la importancia que tiene, de cara a que este testimonio sea creíble, el que todo en la Iglesia se ordene conforme a su misión. Solo si todas sus estructuras concretas y sus miembros viven lo que el papa Francisco ha dado en llamar «conversión misionera», es decir, poner todo en relación a la misión, el testimonio de la Iglesia podrá ser reconocido y acogido por sus destinatarios. Y para ello el servicio es la puerta. La caridad verdadera mueve a la Iglesia a servir a todos los hombres, especialmente a los más necesitados. Haciéndolo, su testimonio se vuelve más creíble. Por eso el servicio a los más necesitados es, además de una exigencia del amor de Dios y un mandato de Cristo, una expresión de comunión que constituye un testimonio extraordinario de la vida que Cristo ofrece en su Iglesia.

RESUMEN

- El Concilio Vaticano II ha situado la comprensión de la Iglesia en una perspectiva sacramental al afirmar que es en Cristo como un sacramento, es decir, signo e instrumento de la unión de los hombres con Dios y de los hombres entre sí. De esta manera la misma existencia de la Iglesia puede comprenderse como una realidad de comunión que se ofrece al mundo para su salvación.

- Desde la perspectiva de la Iglesia como comunión y sacramento se comprende fácilmente el sentido de su unidad y catolicidad. La unidad de la Iglesia es, ante todo, un don divino propio de la comunión de personas y procede de esa unidad divina que se vive en la Trinidad. Esta unidad no se identifica con una uniformidad exterior, sino que es pluriforme precisamente porque es católica, es decir, universal. La catolicidad expresa que la Iglesia es enviada a todos los hombres de todos los tiempos y lugares.

- Esta única Iglesia de Cristo «subsiste» en la Iglesia católica plenamente, donde existe realizada verdadera e históricamente. Y existe de manera imperfecta en otras iglesias y comunidades cristianas conforme a los elementos de salvación propios de la Iglesia de Cristo que están presentes en ellas. Siendo la Eucaristía y la sucesión apostólica elementos esenciales para que pueda llamarse Iglesia a una comunidad cristiana. Sin Eucaristía ni sucesión apostólica no hay Iglesia de Cristo.

- La división histórica de los cristianos es fruto del pecado de los hombres y nunca algo querido por Dios. Una herida abierta que resta credibilidad al testimonio de la Iglesia. El ecumenismo, que busca la unidad perdida, no puede ser entendido como un mero esfuerzo humano en busca del consenso, sino que parte de esos elementos de salvación antes mencionados.

- La Iglesia de Cristo solo existe en la historia como comunión de Iglesias. Aparece así la Iglesia particular como única realización concreta de la Iglesia universal. Esta existe solo en ellas y desde ellas. La Iglesia universal se hace verdaderamente presente en cada Iglesia particular y, por otra parte, no puede ser entendida como un sumatorio de Iglesias particulares.

- El desarrollo de la Iglesia particular y de la comunión de las Iglesias en el Concilio Vaticano II va en relación con la manera de pensar el episcopado. El obispo es el pastor propio de la Iglesia particular que por la consagración episcopal recibe la plenitud del orden. Junto a él se encuentran los presbíteros, partícipes también del sacerdocio de Cristo, pero en un orden subordinado (2º grado del orden), como colaboradores suyos en el ministerio.

- Por el sacramento, el obispo recibe un oficio y una potestad para cumplir su misión. Se trata del oficio de enseñar la auténtica fe, santificar por medio de la celebración de los sacramentos y gobernar al pueblo cristiano. Los presbíteros también participan de este triple oficio como colaboradores del obispo.

- La ordenación episcopal introduce al obispo en el colegio episcopal unido a los demás obispos y la cabeza del colegio, el papa. Esta es una expresión privilegiada de la colegialidad y sinodalidad de la Iglesia.

- Como un servicio a la fe y a la unidad está puesto el papa en la Iglesia como sucesor de Pedro. El ministerio petrino consiste en una jurisdicción episcopal ordinaria, inmediata, plena y suprema sobre todos los fieles, incluidos los pastores. Para cumplir su misión goza de una asistencia especial del Espíritu Santo, que se llama infalibilidad, que le libra de todo error cuando enseña en materia de fe y moral.

- La infalibilidad papal es un don que manifiesta y sirve a la promesa de Cristo a su Iglesia de que permanecerá sin ser derrotada por el mal hasta el fin de los tiempos. Esto se llama indefectibilidad. Se concreta particularmente en que, cuando la Iglesia entera profesa o anuncia la fe, no puede errar.

- Junto a los dones jerárquicos, el ministerio apostólico, encontramos los llamados dones carismáticos. Ambos son coesenciales en la Iglesia, proceden del mismo Espíritu y se ordenan al mismo fin: edificar al pueblo de Dios. Su unidad radica en la unidad de las misiones del Hijo y del Espíritu. Por eso no tiene sentido oponer carisma a institución, Iglesia visible a Iglesia invisible, Iglesia de la caridad o del pueblo a Iglesia institucional o de la jerarquía.

- Los carismas pueden ser compartidos cuando el don recibido por uno es también participado por otros en su vida cristiana. Es el caso de órdenes religiosas y movimientos. En este caso, el carisma necesita un discernimiento que garantice su autenticidad, algo que ha de hacer el papa y los obispos. A ellos corresponde buscar también la manera adecuada de articular esa nueva realidad en la vida de la Iglesia.

- La Iglesia es necesaria para la salvación de cuantos han conocido a Cristo y a su Iglesia pues en ella encuentra ese instrumento de salvación establecido por Dios. Los no cristianos también son ordenados a la Iglesia de diversos modos y en su salvación también es necesario, aunque de manera diversa, el ministerio de salvación encomendado a ella por el Señor.

Capítulo 4

Por último, mirar hacia lo último

Dimensión escatológica de la Iglesia

La Iglesia es un pueblo en camino hacia el cielo. De un modo u otro, a lo largo de las páginas de este libro ha aparecido este hecho acerca de la Iglesia que es su índole escatológica. Esto significa que se halla referida necesariamente al final, al cielo, donde encuentra su consumación. En este capítulo profundizaremos algo más en estas ideas que han ido salpicando las páginas precedentes y que ahora queremos estructurar adecuadamente.

1. Autopista hacia el cielo
Iglesia y Reino de Dios. Iglesia y mundo

El sentido escatológico de la Iglesia aparece anunciado en el mismo comienzo del capítulo en que *Lumen Gentium* nos ofrece la visión de la Iglesia como pueblo de Dios. En su número nueve afirma que el pueblo de Dios «tiene en último lugar, como fin, el dilatar más y más el Reino de Dios, incoado por el mismo Dios en la tierra, hasta que al final de los tiempos Él mismo también lo consume». La relación entre la Iglesia y el Reino de Dios ya fue objeto de nuestra atención a propósito de la fundación de la iglesia. Como es natural, no vamos ahora a repetir lo que allí dijimos, pero conviene tenerlo muy presente, porque partiremos de aquello que entonces concluimos.

En lo que se refiere al final de los tiempos, no hay diferencia entre Iglesia y Reino de Dios. La consumación de la Iglesia en el cielo coincide con la consumación del Reino. Así puede establecerse, por ejemplo, de una lectura detenida de lo que dice sobre ambos el Vaticano II. Por otro lado, esta afirmación es perfectamente coherente con la postura de multitud de padres de la Iglesia y de teólogos que identifican Iglesia y Reino de Dios. Solo a partir del siglo XVIII, y por las razones que explicamos en su momento, se abrirá una brecha de separación –en algunos casos, un abismo– entre Iglesia y Reino de Dios.

La identificación que se da en la consumación, ¿se da también en el caminar de la Iglesia por la historia? Atendiendo a lo que dice el mismo Vaticano II, aquí la identificación no puede afirmarse sin más. Ciertamente comienzo de la Iglesia y llegada del Reino aparecen inseparables (como ya vimos en el tema de la fundación de la Iglesia). La Iglesia es ya el Reino de Cristo presente misteriosamente en la historia que, con el crecimiento del pueblo de Dios, va dilatándose en el tiempo (cfr. LG 3). La Iglesia «recibe la misión de anunciar el Reino de Cristo y de Dios e instaurarlo en todos los pueblos, y constituye en la tierra el germen y el principio de ese Reino. Y, mientras ella paulatinamente va creciendo, anhela simultáneamente el Reino consumado y con todas sus fuerzas espera y ansía unirse con su Rey en la gloria» (LG 5). Precisamente aquí está la clave. La descripción de la Iglesia como germen y comienzo del Reino manifiesta, al mismo tiempo, la unidad e inseparabilidad de ambos en la historia, y también la diferencia entre los dos.

La consideración de la Iglesia como germen del Reino de Dios que crece en el mundo, estrechamente unida a su concepción como sacramento de salvación, y, por tanto, de su misión y catolicidad, nos permite comprender adecuadamente la relación entre la Iglesia y el mundo. Aquí hemos de precisar que la noción de mundo a que nos referimos equivale a creación y no ha de cargarse del contenido negativo que posee cuando se refiere a la creación vuelta contra Dios, a lo mundano en oposición a lo divino. Como no puede ser de otro modo, la Iglesia está en una relación positiva con el mundo. Porque precisamente su misión consiste en anunciar a toda la creación el Evangelio, dilatando con su presencia el Reino de Dios ya comenzado. Si en algún momento histórico esta relación positiva pareció oscurecerse o no se comprendió del todo, el Vaticano II ha querido despejar con su magisterio toda duda, particularmente con la Constitución *Gaudium et spes*.

Es fácil entender esta relación positiva en la dirección Iglesia-mundo por cuanto la misión de la primera enriquece y beneficia al segundo. En la otra dirección no es tan evidente, y sin embargo ha sido objeto de afirmación en el Vaticano II (cfr. *Gaudium et spes* 40). ¿En qué puede enriquecer el mundo a la Iglesia? Pues nuevamente la misión de esta es la clave. El anuncio del Evangelio solo puede ser acogido por la libertad humana creada por Dios. Almas, criaturas cuya salvación quiere la voluntad divina y a las que ha sido enviada la Iglesia. Esto es, precisamente, lo que ofrece el mundo a la Iglesia para que esta pueda seguir creciendo y siendo enriquecida con nuevos hijos. Por eso un cristiano puede amar al mundo apasionadamente, tomando palabras de san Josemaría, porque reconoce en él el lugar de su santificación y la manifestación de cuanto bueno, bello y verdadero ha puesto Dios en su creación.

De lo anterior se sigue fácilmente la falsedad de la acusación, que a veces se hace a la Iglesia o a los cristianos en particular, de abandonar las cosas terrenas, despreciando su valor, y dedicarse únicamente a las espirituales. Precisamente, en su condición peregrina, la Iglesia solo puede hacer germinar el Reino cumpliendo su misión en el mundo. Desentenderse del mundo equivaldría a desentenderse de su misión. Y lo mismo para cada cristiano en particular, abdicar de sus obligaciones sociales, familiares o profesionales sería tanto como cegar en ellos, como en sus miembros vivos, la posibilidad de que la Iglesia pueda ser fermento del Reino de Dios.

2. Entre dos mundos
La comunión de la Iglesia del cielo y de la tierra

La catolicidad de la Iglesia, como tuvimos ocasión de señalar, es una de las notas esenciales de la misma que hace referencia a su universalidad. Es para todos, abarca a todo y todos. Ella está dirigida a todo hombre de toda tierra y época de la historia. Y a la vez, todo está destinado a ella. Por eso en Jerusalén, en el cenáculo, cuando empezaba aquella primera comunidad su misión en Pentecostés, ya era la Iglesia universal, católica, la que anunciaba la resurrección y cumplía su misión. Su catolicidad no está sujeta a los límites y fronteras geográficas, ya lo explicamos. Tampoco entiende de fronteras temporales. Ya ha salido en muchas ocasiones la Iglesia triunfante en el cielo como parte de la misma. Ahora vamos a intentar comprender algo más acerca de los estados diversos en que existe la Iglesia y de su relación.

La fórmula clásica de expresar los diversos estados de la Iglesia es «militante» o «peregrina», como suele designarse actualmente, para la Iglesia en la tierra; «expectante» en el purgatorio; y «triunfante» en el cielo. Esta diversidad de estados no puede considerarse de manera separada. En palabras del gran H. de Lubac: "la santa Iglesia tiene dos vidas: la una en el tiempo, la otra en la eternidad" [S. Gregorio]. No debemos separar estas dos vidas. No miremos a la *Ecclesia deorsum* [Iglesia abajo] como si fuera extraña a la *Ecclesia sursum* [Iglesia arriba]. Sepamos reconocer la continuidad de la única Iglesia a través de la sucesiva diversidad de sus estados, lo mismo que reconocemos la unidad de Cristo en su vida terrena, en su muerte y en su resurrección gloriosa» (*Meditación sobre la Iglesia*, p. 71).

Pero, concretamente, ¿cuál es la relación entre estos diferentes estados? En realidad, la respuesta ya está ofrecida en cuanto dijimos sobre la Iglesia como comunión con Dios y de los hombres entre sí, ahora solo tenemos que tirar del hilo y hacerla explícita. Porque la unión y relación de estos estados de la Iglesia viene, precisamente, de esta realidad de comunión que, al referirse a las cuestiones que ahora nos ocupan, se suele llamar «comunión de los santos». La Iglesia en sus diversos estados vive de la misma comunión con Dios solo que bajo modalidades diversas. La Iglesia peregrina vive esta comunión como don escatológico por vía sacramental; la Iglesia expectante aguarda mientras es purificada la plena posesión de lo que empezó a gustar; y la Iglesia triunfante posee ya la verdad de la vida y el gozo que se anticipan en los sacramentos (dones escatológicos por excelencia).

Esta comunión de los santos es, por tanto, una comunión entre las personas santas y también una comunión de cosas santas. Los miembros de la Iglesia en sus diferentes estados permanecen siempre unidos por los vínculos de la comunión y comparten bienes espirituales como la oración y la intercesión. Por eso la piadosa práctica de rezar por los difuntos con la confianza en la misericordia de Dios y en que verdaderamente estamos haciéndoles un bien. Y también la costumbre de acudir a los santos para recibir la ayuda de su intercesión. Esta comunión de bienes y personas entre los diversos estados de la Iglesia una durará hasta la venida de Cristo, cuando la Iglesia peregrina y expectante sea llevada a su culminación y sea toda ella triunfante.

3. La Iglesia a través del espejo

María, imagen y modelo de la Iglesia

Al llegar al final del libro, acudir a Santa María quizá pudiera sonarte a recurso piadoso para concluir, como muchas veces se hace en las homilías. Nada más lejos de la realidad. Ponemos ahora la mirada en María, porque en ella encontramos un fiel reflejo de cuanto hemos intentado exponer respecto a la Iglesia. Como bellamente escribió H. de Lubac: «la fe católica en la Santísima Virgen resume simbólicamente, en su caso privilegiado, la doctrina de la cooperación humana a la redención, ofreciendo de esta suerte como la síntesis o la idea madre del dogma de la Iglesia» (*Meditación sobre la Iglesia*, p. 249). No debe extrañarnos entonces que el texto del Vaticano II sobre la Iglesia, la Constitución *Lumen Gentium*, concluya en su capítulo octavo precisamente tratando sobre María. Tampoco, que históricamente aquellos que han presentado objeciones a la doctrina católica sobre la Iglesia hayan hecho lo mismo con la fe en María, piensa, si no, en los protestantes.

La íntima relación de la Virgen y de la Iglesia ha sido magistralmente expresada por *Lumen Gentium* en su número 63: «La Virgen Santísima, por el don y la prerrogativa de la maternidad divina, que la une con el Hijo Redentor, y por sus gracias y dones singulares, está también íntimamente unida con la Iglesia. Como ya enseñó san Ambrosio, la Madre de Dios es tipo de la Iglesia en el orden de la fe, de la caridad y de la unión perfecta con Cristo. Pues en el misterio de la Iglesia, que con razón es llamada también madre y virgen, precedió la Santísima Virgen, presentándose de forma eminente y singular como modelo tanto de la virgen como de la madre». A la luz de las ideas aquí contenidas, vamos a tratar de desarrollar algo más la cuestión.

Lo primero necesario, para comprender bien todo lo demás, es poner de manifiesto con toda claridad que María es miembro de la Iglesia. Ella forma parte de la gran familia de los santos, santificados por la obra redentora de Cristo. Pero, a la vez, hay que reconocer que es el miembro primero y principal, el más excelente y singular. Esta consideración disipa cualquier interpretación de los dogmas marianos en la línea de una equiparación o sustitución de Cristo. En María, todo procede y manifiesta a su hijo Jesucristo.

La maternidad de Santa María es imagen acabada de la maternidad de la Iglesia. En ambas encontramos la misma maternidad virginal realizada de modos diversos. Santa María dio a luz al Salvador, a quien concibiera virginalmente en su seno y permanece virgen después del parto. La Iglesia da a luz a los nuevos hijos por la fecundidad de la gracia del Espíritu en el Bautismo y permanece virgen porque custodia sin mancha la fe salvadora. Por su parte, María es también modelo de la fe al pronunciar su sí, anticipando el sí de la Iglesia en el suyo. María, como madre, ha de ofrecer a Cristo en la cruz para salvación de todos. La Iglesia ofrece en el sacramento de la Eucaristía el cuerpo de Cristo inmolado que alimenta la vida sobrenatural de sus hijos. Así podríamos continuar porque todo lo que se dice de María puede leerse pensando en la Iglesia y viceversa.

La semejanza entre la Iglesia y María no solo se da en cuanto a la maternidad santificadora, como acabamos de describir, sino que también la encontramos en cuanto comunidad de los santos. La santidad de la Iglesia y de sus hijos encuentra reflejo en la de aquella que es toda santa. Santa María contiene de manera eminente todas las gracias y perfecciones de la Iglesia. Ella es imagen perfecta de la esposa, preparada y embellecida por el mismo Cristo.

Si las páginas de este libro contribuyen de algún modo a que esta belleza de la Iglesia y de María sea un poco más admirada y amada por quien las lea, habrán cumplido sobradamente con su propósito. Para terminar, quiero traer unas palabras de la liturgia mozárabe que cantan, de modo eminente, a la belleza del misterio al que hemos tratado de asomarnos:

La una ha dado la salud a los pueblos, la otra da los pueblos al Salvador. La una ha llevado la Vida en su seno, la otra la lleva en la fuente del sacramento. Lo que en otro tiempo fue concedido a María en el orden carnal, ahora se le concede espiritualmente a la Iglesia; ella con-

cibe al Verbo en su fe indefectible, ella lo da a luz en un espíritu libre de toda corrupción, ella lo contiene en un alma cubierta de la virtud del Altísimo.

(De la misa de la Natividad del Señor)

FAQ PREGUNTAS Y CUESTIONES FRECUENTES

En esta sección, querido lector, puedes encontrar un intento de respuesta a algunas preguntas que con frecuencia se hace la gente cuando se trata de la Iglesia. Preguntas que, aunque no forman parte del contenido esencial de una materia teológica, sí parece oportuno abordarlas para ofrecer algunos elementos que puedan servir en futuras conversaciones y debates. Por la propia naturaleza de las cuestiones y el modo en que suelen plantearse, las respuestas que aquí se ofrecen presentan argumentos de muy variado tipo y calado: desde los puramente teológicos a otros marcadamente apologéticos o incluso consideraciones sociológicas o económicas.

1. ¿Jesús sí, Iglesia no?

En realidad, esta cuestión ya apareció de refilón al comienzo del libro. Ahora vamos a abordarla directamente y con algo más de extensión. Se trata de un clásico. Oponer a Jesús con su Iglesia para quedarse solo con el primero. Quien postula esta dicotomía, suele aplicar a Jesús una serie de cualidades e intenciones procedentes una parte del propio Evangelio y el resto, del repertorio común del buenismo imperante socialmente. El resultado es un Jesús todo amoroso, sin aristas, como un personaje de Disney. ¡Qué lejos de lo que aparece en los evangelios! Y en frente la Iglesia aparece como una institución rígida, llena de normas, que oprime a las personas y las rechaza y discrimina.

El punto clave está en darse cuenta de que esa imagen de Cristo antes descrita no pasa de ser una invención sin fundamento. Lo que conocemos de Jesús, en su inmensa mayoría, procede del testimonio de la Iglesia. Del oral y del escrito, el Nuevo Testamento. Fuera de eso solo hay datos sueltos acerca del tiempo y lugar en que vivió y algunos detalles muy escasos. Si digo Iglesia no, porque pienso que es una invención o porque no me fío de ella, lo lógico es rechazar lo que ella me ha transmitido acerca de Jesús. Decir Iglesia no es terminar en el desconocimiento de Jesús. Claro que se puede inventar un Jesús como el antes descrito o como se le ocurra a cada uno. Y puede oponerse esa imagen a la Iglesia y lo que ella testimonia sobre su Señor. Pero date cuenta de que entonces por un lado está la sabiduría y conocimiento de quien postula tal cosa y por el otro, el testimonio apostólico conservado y transmitido hasta nosotros. ¿Con quién te quedas? Al final, esta es la cuestión. Si confiar más en las construcciones humanas sobre Jesús o en el testimonio de sus discípulos.

2. ¿Creyente y no practicante?

Otro clásico de las expresiones frecuentes al hablar de la Iglesia es decir que «soy creyente pero no practicante». ¿De verdad es esto posible? Todo depende de lo que entendamos por ser creyente. Si pensamos que la fe es solo un conjunto de ideas a las que uno se adhiere intelectualmente, entonces sí es posible. Ser creyente sería entonces simplemente compartir una serie de convicciones sobre el origen del mundo y su destino o los valores éticos fundamentales. El problema es que eso no es la fe católica. La fe es un don de Dios que el hombre acoge y que, por el Bautismo, lo introduce en una existencia nueva como hijo de Dios en comunión de amor con él y con los demás hijos de Dios. La fe, por tanto, es algo que tiene que ver con toda la existencia, con lo que pienso, lo que hago, lo que siento y que pone en relación con una comunidad.

Por eso, porque la fe tiene que ver con el amor, con un amor que implica la vida entera, decir que tengo fe pero no practico es, en realidad, cuanto menos sorprendente. Es muy semejante a que un esposo le dijera a su mujer: «te quiero, pero no practico». ¿De verdad es posible?

3. ¿Por qué la Iglesia no vende todas sus riquezas y se las da a los pobres?

Ahora, uno de los *best sellers*: Las riquezas de la Iglesia. Antes de entrar en argumentaciones quizá sea interesante hacerse una idea de cuánto dinero tiene la Iglesia. Porque por el modo de hablar parece que la Iglesia se codeara con los más pudientes económicamente hablando. Para ello la comparación puede ser útil. Por ejemplo, el presupuesto del Estado del Vaticano en 2022 señalaba 739,5 millones de euros en ingresos. ¿Te parece mucho? El presupuesto de EE.UU. para ese mismo año es de 5,85 billones de euros, es decir, 790 millones de veces más. Pero nos hemos ido a la primera potencia mundial, ¿qué pasa con un país pobre? Pues Haití tuvo para 2022 un presupuesto de unos 1.800 millones de euros, casi tres veces más que la Santa Sede. Pero lo mismo sucede si comparamos con empresas o entidades privadas. El Corte Inglés ingresó en 2022 15.327 millones de euros y obtuvo un beneficio de 870 millones (beneficio, es decir, después de pagar todos los gastos y sueldos). La Iglesia de Madrid, la más grande de España con diferencia, ingresó en 2021 para todas sus actividades 135,5 millones de euros. Con estos datos qué quiero decirte, pues que objetivamente los dineros de la Iglesia son bastante poca cosa. Evidentemente siempre habrá a quienes les parezca demasiado, sobre todo a los que no quieren que exista.

Bueno, hemos hablado de dinero ingresado, pero ¿qué pasa con el patrimonio y con el uso que se da al dinero? Para entender la relación de la Iglesia con los bienes materiales, hay que comprender que su finalidad, el fin de la Iglesia, no es nada de este mundo, sino llevar a los hombres al cielo. La Iglesia no tiene por fin acabar con la pobreza, dar una educación a los que no pueden acceder a ella o cuidar de los que nadie quiere. Todo eso lo hace porque su misión de llevar las almas al cielo la realiza, como su fundador, mediante el amor hasta la entrega de la vida. En este sentido, todos los bienes que posee la Iglesia son para su misión. Misión que incluye lo antes señalado respecto a la atención y ayuda de los más necesitados, pero que realiza sobre todo mediante el anuncio del Evangelio y la celebración de los sacramentos. Por eso la inmensa mayoría de bienes de la Iglesia son templos. Y el valor de estos refleja la fe de un pueblo que a través del arte y la belleza ha querido expresar y comunicar su fe.

Pretender que la Iglesia se deshaga de sus templos y los dedique a beneficencia es tanto como pedirle que abdique de su misión. Solo quien no entiende ni comparte la misión que Cristo encomendó a la Iglesia puede pedir tal cosa. Por otra parte, no te engañes, generalmente detrás de este requerimiento está o el desprecio a la Iglesia, o bien otra dificultad personal para acercarse a ella. El tema del dinero es solo un buen parapeto tras el que posicionarse.

4. ¿Puede ser la Iglesia democrática?

Una pega muy común a la Iglesia es que esta no es democrática. Y es verdad, no lo es ni lo puede ser. Dejando de lado si no sobrevaloraremos a veces la democracia tal como la vivimos en las sociedades occidentales, lo cierto es que no es un sistema apropiado para todo. Por ejemplo, una reunión científica no es democrática, no se reúne para decidir por votación de los presentes sus resultados, sino que recibe y acepta el fruto de la investigación por la fuerza de las pruebas o demostraciones que presenta. Si la democracia aparece como un sistema apropiado para el gobierno del estado moderno, es porque este se sostiene sobre la afirmación de que el poder reside en el pueblo que lo integra (No entraremos en la valoración de esta afirmación que, como poco, debiera ser matizada a la luz de la doctrina católica sobre la potestad y su ejercicio). La democracia es, de este modo, una forma de que el pueblo, a quien pertenece la soberanía, según el presupuesto fundamental del estado moderno antes señalado, decida cómo quiere ser gobernado. Sin entrar en valorar estas, las ideas sobre el estado, la soberanía y la democracia, hay que hacer notar que en la Iglesia, en cambio, la situación es muy diferente. El poder no reside en el pueblo, sino en Cristo, su fundador. Y el fin de la Iglesia no es interior a ella, como sí el del estado, que es el bien de sus miembros, sino que es llevar a los hombres a Dios. La vinculación de la Iglesia a Cristo y a la verdad por Él manifestada hace que no sea apropiada la búsqueda de mayorías como instrumento de gobierno.

Verdaderamente la Iglesia tiene una forma comunitaria, dentro de la cual hay una estructura jerárquica. Una estructura que no se la da a sí misma la comunidad, sino que es un don de Dios. Por eso los miembros de la comunidad no pueden decidir de manera absoluta sobre ella. En esta comunidad, todos caminan juntos y viven y testimonian la fe. Aquí radica la sinodalidad de la Iglesia. Es un pueblo en el que todos viven en comunión y participan de la misma misión, pero cada uno según le corresponde. En el camino sinodal de la Iglesia, la dinámica fundamental no es la confrontación de grupos o la búsqueda de mayorías, sino la escucha del testimonio de la fe.

5. ¿Discrimina la Iglesia a la mujer?, ¿por qué no puede ser sacerdote?

Pienso que hay dos errores fundamentales en la base de la afirmación de que, al quedar reservado el orden sacerdotal para los varones, la Iglesia discrimina y desprecia a las mujeres. En primer lugar, un modo erróneo de pensar el ministerio sacerdotal como un poder o una dignidad sobre los demás miembros de la Iglesia. Y nada es más ajeno al mismo. El ministerio sacerdotal es un servicio al pueblo de Dios. Toda potestad en la Iglesia tiene este sentido. Un buen ejemplo es el título de «siervo de los siervos de Dios» que desde antiguo usó el papa para referirse a sí mismo. Es verdad que no siempre se vive ni se ha vivido así. Pero eso es otra cosa. Habla de la fragilidad humana y del pecado que lleva a introducir la lógica del poder en lugar de la del servicio. En segundo lugar, una idea equivocada de igualdad que la confunde con igualitarismo y uniformidad. La igualdad radical de varón y mujer se refiere a su dignidad y destino. Ambos son creados con la misma dignidad y están llamados al mismo destino. Además, en el camino que les conduce a su fin son el uno para el otro ayuda complementaria y, por tanto, su igualdad radical no excluye la diferencia entre ambos que les hace precisamente complementarios. Y así en el orden natural varón y mujer poseen modos diversos de estar y percibir el mundo y también vocaciones complementarias y diversas. Así el varón está llamado en la familia a ser padre y la mujer, madre. Vocaciones diferentes y complementarias que se reclaman. Una igualdad entendida como igualitarismo lleva a querer anular las diferencias y a perder, por tanto, la riqueza que hay en ellas.

En la Iglesia hay una impronta femenina fundamental dada por su carácter de madre virginal fecunda por la multitud de sus hijos. Por eso la Iglesia tiene en María su imagen y tipo. Pero vayamos directamente a la cuestión, ¿por qué se reserva el orden sacerdotal a los varones?

La respuesta tiene su fundamento último en la voluntad de Cristo, así lo puso de manifiesto san Juan Pablo II cuando en la carta *Ordinatio sacerdotalis* quiso proponer como definitiva la verdad acerca de la incapacidad de la Iglesia para conferir la ordenación a mujeres. Cristo lo quiso y lo hizo así. Dentro de la máxima libertad con que actúa, tal y como vemos en los evangelios, eligió para el ministerio solo a varones. Algo que ha mantenido siempre desde entonces la Iglesia siguiendo el ejemplo de su fundador. No puede decirse que sea por las costumbres y usos de la época. Sobradamente Jesús rompe tales convenciones en innumerables ocasiones sin el menor problema, en particular en el trato con las mujeres y el lugar que Él les da en el grupo de sus discípulos, algo sin parangón en aquel momento.

En realidad, este argumento fundamental remite a la prioridad de la Revelación, y por tanto, de la acción de Dios. Nosotros pensamos y tratamos de comprender aquello que Él ha hecho. Por eso junto a esto que hemos señalado y a partir de ello, la teología ha buscado argumentos de conveniencia para iluminar esta realidad. Tienen ciertamente su interés, aunque ahora no nos detengamos en ellos por razón de espacio, pero dependen absolutamente del argumento principal antes señalado. Eso sí, como es evidente, quien no tenga fe o quien viva su fe anteponiendo a ella una manera mundana de ver la realidad, no podrá entender el argumento ni tampoco aceptarlo.

Concluimos esta pregunta con unas palabras de san Juan Pablo II en *Ordinatio sacerdotalis* número 3: «Por otra parte, el hecho de que María Santísima, Madre de Dios y Madre de la Iglesia, no recibiera la misión propia de los Apóstoles ni el sacerdocio ministerial, muestra claramente que la no admisión de las mujeres a la ordenación sacerdotal no puede significar una menor dignidad ni una discriminación hacia ellas, sino la observancia fiel de una disposición que hay que atribuir a la sabiduría del Señor del universo».

Glosario de términos
DESCIFRANDO ENIGMA

Apostolicidadad. Cualidad de la Iglesia que se refiere a una de sus notas esenciales recogidas en el Credo. Remite a los apóstoles en cuanto cimiento y fundamento de la Iglesia que se encuentra edificada sobre el testimonio de aquellos elegidos por el Señor. Pero la apostolicidad también alude a la forma propia de existencia de la Iglesia en cada momento y lugar: la Iglesia es siempre comunidad de apóstoles (apóstol significa enviado) en torno a Jesús.

Carisma / dones carismáticos. Carisma es la transcripción del término griego *chárisma,* que significa don generoso. Con este término los primeros cristianos designaban los dones divinos, distintos de aquellos que son esenciales para la salvación –como la fe y los sacramentos–, concedidos por Dios a algunos para la edificación de la comunidad. Revisten una gran variedad, pero gozan de un orden dado por la caridad.

Con dones carismáticos se quiere aludir a aquellos dones del Espíritu Santo, distintos de los dones jerárquicos (el ministerio apostólico y la estructura jerárquica de la Iglesia), que Él concede a determinados fieles para la edificación de la Iglesia. Son parte esencial en la vida de la Iglesia y no le pueden faltar. Por eso se dice que son, junto con los dones jerárquicos, co-esenciales en la Iglesia. Entre ellos encontramos los muy diversos caminos de vida religiosa y de vida cristiana meramente laical surgidos a lo largo de los siglos.

Catolicidad. Rasgo propio de la Iglesia que significa universalidad. Que la Iglesia es católica significa que es universal, justamente eso significa el término griego *katholikós* que traduce. La Iglesia es para toda persona de cualquier época y lugar, y todos tienen en ella un sitio. Alcanza a todo el cosmos y todos los tiempos.

Colegialidad / colegio episcopal. Propiedad esencial del ministerio apostólico que significa la necesaria participación y ejercicio del mismo, por parte de los obispos, en comunión con los demás obispos y como miembros de un colegio al que han sido incorporados por la ordenación episcopal. El colegio episcopal, formado por todos los obispos, tiene al papa por cabeza. Sin su cabeza, el colegio no sería tal. La unión visible con la cabeza es la garantía de pertenencia al colegio.

Comunión. Es la unión propia entre personas a la que tiende el amor del que, además, es fruto. Se aplica a uniones diversas y en diverso grado, como, por ejemplo, la comunión de los esposos o la comunión de los hombres con Dios. Tiene en la comunión de las Personas de la Santísima Trinidad su analogado principal. La comunión trinitaria es la más perfecta y la fuente y origen de todo amor y comunión. La llamada a la salvación ofrecida en Cristo es invitación a compartir esa vida divina de comunión en la Iglesia. Por eso se dice que la Iglesia es misterio de comunión.

Comunión de Iglesias. Esta expresión, utilizada desde muy antiguo, ha sido recuperada por el Concilio Vaticano II para designar a la Iglesia. Parte de la consideración de la Iglesia en su realización concreta, que es siempre una Iglesia particular, con su obispo a la cabeza. En la comunión entre ellas, que tiene como fundamento la confesión de la fe verdadera, la celebración del misterio cristiano –principalmente de la Eucaristía– y de la unión con el obispo de Roma, es donde encontramos realizada y existente en la historia a la Iglesia universal.

Concilio ecuménico. Con este término se designa a la reunión de todos los obispos convocada por el papa para tratar las cuestiones de mayor importancia para la Iglesia. Es una expresión privilegiada de la colegialidad al reunir a todo el colegio, o al menos a aquellos que puedan acudir, con su cabeza el papa para hacer uso de la suprema potestad en la Iglesia. Para que haya un concilio necesariamente debe ser convocado por el papa e, igualmente, para que sus decisiones tengan validez han de ser promulgadas por este. En la historia ha habido veintiún concilios ecuménicos.

El término concilio, así como el de sínodo, también se ha usado para designar reuniones de obispos de una región o de un estado. Así, por ejemplo, podemos encontrar los concilios de la Iglesia hispano-visigótica en los siglos IV a VIII. Estas reuniones también manifiestan la colegialidad del episcopado, pero en menor grado que un concilio ecuménico.

Escatológico (don o índole). Significa relativo al final. Hablar de dones escatológicos se refiere a aquellos dones divinos que conducen y anticipan lo que está al final, es decir, el cielo. Por eso se dice de los sacramentos que son dones escatológicos porque anticipan e inician en nosotros la vida definitiva que gustaremos plenamente en el cielo al fin de este tiempo.

Respecto a la Iglesia, se habla de su índole escatológica para expresar que ella es signo e instrumento de la unión con Dios y de los hombres entre sí que se consumará plenamente en el cielo. Mientras, la Iglesia en la tierra manifiesta esta comunión y la ofrece para todos los hombres.

Iglesia. Del griego *ekklèsia* que significa «convocación», es el término que eligieron preferentemente los primeros cristianos para designar a la comunidad cristiana. De este modo manifiestan la conciencia de ser el cumplimiento de la esperanza de Israel que aguardaba su convocación definitiva por parte de Dios para establecer su Reino. La Iglesia existe en tres estados diferentes. La Iglesia peregrina, que en la tierra camina hacia el cielo; la Iglesia expectante, o del purgatorio, que se purifica para entrar en el cielo; y la Iglesia triunfante, que ya goza en el cielo de la bienaventuranza divina.

Iglesia particular. La Iglesia particular es una porción del pueblo de Dios bajo el cuidado de su obispo como pastor propio. La Iglesia particular es la única realización concreta e histórica de la Iglesia de Cristo, de manera que la Iglesia universal solo existe como comunión de Iglesias particulares que la realizan por todo el mundo.

Indefectibilidad. Cualidad de la Iglesia que significa la imposibilidad de que se vea malograda. Es decir, por una promesa de Cristo, la Iglesia permanecerá siempre en la historia fiel a su Señor como signo e instrumento de salvación. La indefectibilidad se concreta, por ejemplo, en que la Iglesia en su conjunto, cuando profesa o enseña la fe, no puede equivocarse, está preservada de error.

Jurisdicción. Con este término se quiere significar un elemento de la potestad sagrada que se refiere al ámbito y extensión de su ejercicio en determinados casos. Se habla de jurisdicción respecto a la potestad de régimen, es decir, de aquella ejercida para el gobierno de la Iglesia. Va asociada a determinados oficios eclesiásticos como, por ejemplo, al obispo en su diócesis. Tener o no jurisdicción en una materia o en un lugar determina la capacidad para el ejercicio de dicha potestad. Así por ejemplo, un obispo tiene jurisdicción en su diócesis para erigir una parroquia nueva, pero no para hacerlo en un lugar que no pertenece a su territorio.

Notas de la Iglesia. Se denominan de este modo a los cuatro rasgos esenciales de la Iglesia que aparecen en el Credo: una, santa, católica y apostólica. En ellos se condensa la identidad de la Iglesia de Cristo.

Potestad. Es el poder dado por Cristo a su Iglesia en el ministerio apostólico para la realización de su misión. Es sobre todo un poder espiritual referido a las cosas sagradas y por ello se denomina potestad sagrada. Se expresa bien su contenido a través del triple oficio de enseñar la fe, santificar con los sacramentos y regir al pueblo de Dios. La potestad sagrada está vinculada a la recepción del sacramento del orden, aunque puede transmitirse vicaria o delegadamente a los laicos en los casos previstos por el derecho.

Sacramentalidad. Cualidad propia de los sacramentos. Alude al hecho de ser signo e instrumento de una gracia. Una realidad se dice sacramental o se habla de su sacramentalidad para expresar fundamentalmente dos dimensiones propias e inseparables de la misma. Primero, ser signo de la gracia, es decir, manifestación visible de la misma para que esta pueda ser reconocida. Segundo, ser instrumento que causa o procura la gracia significada. La sacramentalidad tiene en los siete sacramentos su analogado principal para ser comprendida, de manera que en el resto de casos en que se emplea, como sucede con la Iglesia, se hace en referencia y por analogía al septenario sacramental.

Sinodalidad. Es una dimensión constitutiva de la Iglesia que hace referencia a su ser comunidad en camino. Sínodo procede del griego *synodon,* que significa «camino juntos». La Iglesia peregrina es comunidad en camino hacia la eternidad. Un camino que incumbe a todos sus miembros ya que comparten la misma identidad y misión.

Testimonio. Con esta palabra se designa el contenido fundamental de la misión de los apóstoles y de toda la Iglesia. Atestiguar, dar fe, de la muerte y resurrección de Cristo es, en efecto, el núcleo de esta misión. El testimonio cristiano no se limita a la aseveración de unas verdades, como es el caso del testigo de un juicio acerca de aquello que ha presenciado, sino que abarca e implica toda la vida del cristiano y de la Iglesia. Porque aquello que testimonia es un acontecimiento salvador, la muerte y resurrección de Cristo, que se deja entrever únicamente en la vida nueva que ha alumbrado en los bautizados. Por eso la Iglesia cumple siempre su misión con el testimonio de sus miembros y de toda la comunidad en su conjunto que ofrece el signo de la vida nueva y a la vez la invitación a poseerla.

BIBLIOGRAFÍA

1. ALGUNOS MANUALES

B. Forte, *La Iglesia de la Trinidad*, Secretariado Trinitario, 1996.

[Más que un manual, este volumen es una propuesta eclesiológica desde la comunión trinitaria. Es un volumen extenso y que requiere una lectura detenida, solo apto para iniciados].

R. Pellitero, *Eclesiología*, EUNSA, 2017.

[El más «manual» de cuantos aparecen en la lista. Es sencillo y claro en la exposición de los temas. Pensado para seguir una asignatura sobre la materia].

G. Richi, *Una débil Criatura lleva a Dios. Vademécum de eclesiología*, Didaskalos, 2020.

[No es como tal un manual, pero aparece aquí porque en él se expone una propuesta completa de eclesiología desde *Lumen Gentium*. Es además relativamente breve y muy claro en sus explicaciones. Tiene además una bibliografía por capítulos muy interesante].

J. Ratzinger, *El nuevo Pueblo de Dios. Esquemas para una eclesiología*, Herder, 1972.

[Recoge diversos trabajos que, revisada su redacción y ordenados, pretenden ofrecer una panorámica de las cuestiones eclesiológicas fundamentales del postconcilio. Por eso puede ser leído por partes con mucho provecho].

2. PARA PROFUNDIZAR

Comisión Teológica Internacional, *La apostolicidad de la Iglesia y la sucesión apostólica* (1973). *Temas selectos de eclesiología* (1985). *El Sensus fidei en la vida de la Iglesia* (2014). *La sinodalidad en la vida y en la misión de la Iglesia* (2018).

[Una serie de artículos acerca de los principales temas de la eclesiología posterior al Vaticano II].

R. Guardini, *El sentido de la Iglesia. La Iglesia del Señor*, San Pablo, 2010.

[Dos obras que influyeron de manera muy notable en la generación de obispos y de teólogos que participaron en el Concilio Vaticano II y que mantienen intacta su capacidad de abrir horizontes en la comprensión de la Iglesia].

H. de Lubac, *Catolicismo*, Encuentro, 1988.

[Una obra inclasificable. Con una selección de textos antiguos extraordinaria. Más que recomendable].

H. de Lubac, *Meditación sobre la Iglesia*, Encuentro, 1980.

[Uno de los libros más hermosos y eruditos escritos sobre la Iglesia. Todo en él rezuma amor por la Iglesia. Por momentos puede tomarse incluso como lectura espiritual].

J. Ratzinger, *La Iglesia. una comunidad siempre en camino*, San Pablo, 2005.

[Breve libro en el que puede encontrarse un interesante planteamiento del origen de la Iglesia, el primado, la Iglesia particular y universal, el sacerdocio y la reforma de la Iglesia. Una muy buena opción para quien ya ha empezado y da sus primeros pasos].

G. Richi, *La Iglesia somos nosotros en Cristo*, Encuentro, 2016.

[Algo así como el hermano mayor del volumen que proponemos entre los manuales. Aunque no trata todas las cuestiones, hace una selección de la que ofrece un estudio claro y detallado].

Otros títulos de la colección

UN CAMINO POR DESCUBRIR
Introducción a la Teología
Fulgencio Espa

LA GRAMÁTICA DE DIOS
Introdución a la Sagrada Escritura
Sonia Ortega

CRÓNICA DE UNA ALIANZA
Antiguo Testamento
Antonio de la Torre

LA PROMESA CUMPLIDA
Nuevo Testamento
Tomás Olabarri

SEÑALES DE DIOS
Teología Fundamental
Antonio Fernández

EL OBRAR DE DIOS
Liturgia e introducción a los sacramentos
Marcos Torres

SEMEJANTES A DIOS
Teología espiritual
Marcos Torres

AGUAS PROFUNDAS
Los 7 sacramentos
Miguel Forcada

LA PEREGRINACIÓN DE LA GRACIA
Moral Fundamental
José Manuel Horcajo

UNA VIDA LOGRADA
Moral de la Persona
José Luis Méndez y Juan Barbeito

COMO EL ALMA DEL MUNDO
Moral Social y Doctrina Social de la Iglesia
Gregorio Guitián

UNA ANCIANA MUY JOVEN
Historia de la Iglesia
Gonzalo Barbed

DE MADRE A DISCÍPULA
Introducción a la Mariología
Fernando del Moral Acha

CREADOS A SU IMAGEN
Antropología Teológica I
Isabel Saiz Ros

UN PASEO POR OTRO MUNDO
Escatología
Miguel Forcada

Mantente actualizado/a